우리는
어디서 살아야
하는가

인문학자가 직접 고른 살기 좋고 사기 좋은 땅

우리는
어디서 살아야
하는가

김시덕 지음

포레스트북스

저는 전국을 답사하는 사람입니다. 최소 일주일에 서너 번은 동네 근처에서 먼 지방까지 다니면서 사진을 찍고 스마트폰으로 구글 문서에 메모를 합니다. '오늘은 답사를 간다'라고 각오를 다질 만큼 먼 길을 갈 때도 있지만, 평소에 약속이 있을 때도 몇 시간 먼저 약속 장소에 가서 근처를 돌아보고는 합니다. 도시를 공부한다는 마음가짐을 잊지 않으려는 생각에서입니다.

이렇게 도시를 답사하면서 발견하고 생각한 내용은 책과 방송·언론을 통해 여러분께 최대한 빠르고 생생하게 전달하려 노력하고 있습니다. 특히, 제가 대서울Greater Seoul이라고 부르는 서울시와 경기·충청·강원도 내의 영향권을 답사한 내용은 삼프로TV의 〈김시덕 박사의 도시야사〉에서 가장 먼저 말씀드리고 있지요.

수십 년 도시를 답사하며 얻은 부동산 인사이트

몇 년 전, 전국을 답사하는 제게 어떤 건축가분이 이런 조언을 해주셨습니다. '어디가 살기 좋을까?'라는 관점에서 지역을 관찰하면 어떻겠는가 하고 말이죠. 저는 여러 나라가 어떻게 관계를 맺고, 또 전쟁을 해왔는지를 연구하는 인문학자입니다. 그동안 한국과 여러 다른 나라를 답사할 때에도 주로 이런 관점에서 각지를 살피고 기록했습니다. 그 지역이 실제로 살기에 좋을지 불편할지, 미래에 이 지역이 어떻게 바뀔지, 투자 가치가 있을지 등은 깊이 생각하지 않았습니다. 그런데 건축가분의 조언을 들은 뒤로, 지역을 바라보는 관점이 굉장히 달라졌습니다.

이때까지 저는 '어디서 살live 것인가?' 그리고 '어디를 살buy 것인가?'라는 점을 자각하지 않은 채로 책을 쓰고 방송에 출연했지만, 눈 밝은 분들께서는 저의 답사 기록을 활용해오셨다고 합니다.

저는 도시를 책처럼 읽어내는 도시문헌학자로서, 앞으로 급변할 것 같은 예감이 드는 지역을 주로 찾아가서 기록합니다. 저의 답사 기록은 앞으로 택지개발·재개발·재건축이 이루어질 예정지를 임장한 보고서로서 가치가 있다고 합니다. 이런 이야기를 주위에서 자주 듣기도 하고 저 자신도 거주할 집을 찾아야 하는 세입자이다 보니, 저의 답사는 최근 들어 점점 임장의 성격을 짙게 띠었습니다.

살기 좋고, 사기 좋은 곳을 찾아서

저는 여러 부동산 책이나 방송에서 소비자로 등장하는 수십·수백억대의 자산가는 아닙니다. 또 어릴 때 하도 이사를 많이 다니다 보니, 앞으로는 가급적 한곳에 진득하니 오래 살고 싶다는 생각을 하고 있습니다. 이렇다 보니 어딘가를 답사(임장)할 때에도 '이 지역의 집과 땅에는 투자 가치가 있을까?'라는 생각과 동시에 '이곳에서는 마음 편하게 오래 살 수 있을까?'라는 마음으로 현장을 살펴봅니다.

물론 사기 좋은 곳과 살기 좋은 곳은 명확히 구분되지 않습니다. 하지만 이 책을 읽으면 아시겠지만, 두 곳이 완전히 똑같지도 않습니다. 예를 들어, '역세권'이라는 말은 실거주자와 투자자에게 서로 다른 의미를 뜻하는 경우가 많습니다. 이 책을 읽으면 우리들이 쉽게 '역세권'이라고 부르는 지역이 실제로 어떤 곳인지를 아실 수 있게 될 것입니다.

한편으로 한국에서 땅과 집을 말하는 분들이 '안전'과 '건강'에는 관심이 적은 것이 아닌가 하는 우려가 들었습니다. 2년에 한 번씩 전세를 옮겨 다니고, 집을 갈아타면서 재산을 증식하는 것이 일반화되다 보니, '어차피 조금 살다가 떠날 곳인데…' 하는 생각을 하시는 듯합니다. 하지만 아무리 짧게 살아도 안전과 건강 문제는 언제든 터질 수 있습니다. 하물며 그곳에서 오래 살 생각이라면 투자 가치만큼이나 안전과 건강 문제에도 관심을 가져야 합니다.

저는 한국의 미래에 관심을 가진 인문학자로서 이 책을 썼습니다.

인문학자 가운데 저 같은 활동을 하는 사람을 저는 스스로 도시문헌학자라고 부르고 있습니다.

도시문헌학자의 눈으로 한국의 도시를 바라보면 참으로 흥미롭습니다. 그동안 한국에서 자산을 증식시키는 가장 확실한 방법은 집과 땅에 투자하는 것이었습니다. 순간의 선택이 수많은 사람의 경제적 미래를 결정했지요. 특히 1970년대에 서울 강북의 단독주택을 살지, 강남의 아파트 단지에 입주할지의 판단은 그 후로 수많은 서울시민과 경기도민의 운명을 좌우했습니다.

그간의 자산 증식 과정이 이렇다 보니, 집을 사면서 미래의 투자 가치를 생각하는 것은 당연한 일입니다. 하지만 집을 '살 곳places to live'이 아니라 '살 곳places to buy'으로 바라보는 관점이 비대해지면서, 자기 집이 안전진단에서 위험등급을 받았다고 경축 플래카드를 내거는 상황에 이르렀습니다. 한국의 오래된 아파트 단지에서는 이런 플래카드를 하도 많이 보니 다들 그러려니 하시겠습니다만, 이런 한국의 아파트 단지 풍경이 해외 토픽으로 소개될 정도로 국제적으로는 생경한 일입니다. 다행스럽다고 말해야 할지는 모르겠으나 대단위 아파트 단지의 재건축을 통한 재산 증식이 점점 어려워질 것으로 보여, 이런 한국적 풍경을 볼 일도 점점 줄어들 것 같습니다.

대중교통으로 답사를 하는 이유

저는 대중교통으로 답사를 합니다. 농어촌 지역을 답사할 때에는 답사팀과 함께 차를 빌리거나 현지 지인의 차를 얻어 타지만, 도시 답사는 기본적으로 대중교통을 이용합니다. 그러면서 부동산 임장을 하는 분들이 자가용을 타고 다니는 것을 당연시하다 보니 놓치는 게 많다는 사실을 알게 되었습니다. 임장 지역이 평지인지 언덕인지, 대중교통 시스템이 실제로 어떻게 운영되는지, 인도·횡단보도·지하도 체계는 어떤지 등등은 실제로 그곳에 살게 되면 나의 삶의 질에 대단히 큰 영향을 미치는 요인들입니다.

집을 투자 대상으로 구입하는 분들은 본인이 직접 그곳에 살지 않을 것이니, 이런 문제가 별로 중요하게 와 닿지 않는 것 같습니다. 또 자가용을 이용해서 출퇴근하거나 볼일을 보는 분들도 이런 문제가 그렇게까지 중요한가 하는 생각을 하시는 것 같습니다. 하지만 실제로 그곳에 살게 될 경우, 모든 가족 구성원이 자가용만 이용하는 것은 아니기 때문에 자가용을 이용하지 않는 미성년자나 노령의 가족 구성원에게는 앞서 말씀드린 요인들이 대단히 중요하게 다가옵니다.

저는 평소에 SNS에서 여러 가지 키워드를 이용해서 시민들의 생생한 목소리를 수집하고 있습니다. 대도시 외곽에 조성된 신도시에 사는 것으로 보이는 분이 온라인에 남긴 이런 목소리가 저에게 깊이 와 닿았습니다.

"신도시에는 걸어 다니는 사람이 적다 보니 운행되는 버스도 적어서, 중학생 때 30~40분씩 버스를 기다려서 겨우 15분 정도 버스로 이동하고는 다시 20분 정도를 걸어서 집에 갔다. 나도 서울처럼 5~10분마다 오는 버스를 타고 싶다."

버스 운행 체계가 좋지 않으니 이용객이 적고, 이용객이 적으니 버스가 더 드문드문 오는 악순환이 대도시 외곽 신도시에서는 흔하게 일어납니다. 이분의 부모님은 아마도 본인들이 자가용을 이용하기 때문에 경기도 신도시의 악명 높은 버스 운행 간격에 그렇게까지 큰 신경을 쓰지 않고 거처를 마련했을 터입니다. 하지만 자가용을 몰 수 없었던 이 중학생 자녀분은, 부모님이 알 수 없는 힘든 학창 시절을 보냈던 것입니다. 대중교통으로 답사를 하는 저는 이와 같은 사례를 주변에서 무수하게 확인합니다.

기존에 도시 정책을 마련하거나 부동산을 임장하는 입장에서는 자가용을 이용하는 것이 너무나도 당연시되어 대중교통을 이용할 수밖에 없는 시민들도 많다는 사실이 무시되어온 느낌을 받습니다. 어떤 부동산 관련 서적을 보아도 '역세권'이라는 말이 나옵니다. 하지만 역에 근접해 있어서 부동산 가격이 오를 것이라는 데에만 주목할 뿐, 그곳에서 생활할 사람들에게 역세권이라는 게 정말로 무엇을 뜻하는지에 대해서는 무심하다고 생각한 것이 한두 번이 아닙니다. 부동산 업계에서는 '역세권', '사통팔달의 요지', '최고의 입지', '전통의 명당' 같은

들어가며

미사여구를 너무 쉽게 씁니다. 이런 화려한 수식어들은 실제로 그곳에서 거주하고 장사할 사람들을 현혹합니다. 저는 정말로 대중교통을 이용해서 생활하고 답사하는 사람으로서, 전국 곳곳을 걸어 다니며 확인한 도시와 땅의 실제 상황을 이 책에 담았습니다.

앞에 소개한 글에서 "걸어 다니는 사람이 적었다"고 한 것으로 보아, 이 글을 쓴 분이 살았던 곳은 아마 대단위의 아파트 단지들이 블록별로 위치한 주거 지역이었을 것 같습니다. 이런 주거 지역은 여러 가지로 걷기에 불편하지요. 똑같은 신도시라도 대단위의 아파트 단지가 아닌 단독주택지구는 비교적 걷기에 편합니다. 기존의 도시 정책이나 부동산 임장에서는 대부분의 시민이 신축 고층아파트 단지에 살고 싶어 한다고 전제하고 있는 것 같습니다. 신축 고층아파트 단지가 아닌 집에 살고 싶은 욕망은 존재하지 않거나 열등한 것으로 간주된다는 느낌을 받습니다.

하지만 도시화가 고도화되면서 한국에서도 대단위 아파트 단지가 아닌 주거 형태에서 살고 싶어 하는 사람들이 늘고 있습니다. 또한 아파트에 거주하는 시민이 전체 시민의 절반을 넘어서기는 했지만, 아파트가 아닌 형태의 주택에 거주하는 시민도 전체 인구에서 무시할 수 없는 비중을 차지하고 있습니다. 그래서 이 책에서는 아파트가 아닌 다양한 주거 형태와 도시 공간에 대해서도 다룰 것입니다.

이 책을 세상에 내놓을 기회를 주신 삼프로TV의 김동환·이진우·정영진 세 프로님께 깊이 감사드립니다. 세 분의 권유로 〈김시덕 박사의 도시야사〉 코너를 시작하고 나서 새로운 세상에 눈을 뜨게 되었습니다. 아울러, 세 프로님께 저를 소개해주신 홍춘욱 선생님께도 감사드립니다. 언제나 저에게 많은 것을 가르쳐주셔서 감사합니다. 또한 아내 장누리와 딸 김단비, 그리고 이승연 군이 언제나와 같이 이 책을 만드는 데 함께해 주었습니다. 항상 감사합니다.

김시덕

2부
살기 좋고 사기 좋은 부동산의 조건

1부

국가 프로젝트로
읽어내는
부동산의 역사

·1장·

도시기본계획의
탄생과 변화

지도가 말해주는 진실

사람들은 왜 길도 없는 야산에 투자했을까?

경기도 성남시 서북부에 자리한 '금토동'이라는 지역이 지난 3~4년간 뉴스에서 화제가 되고 있습니다. 특히 청계산 이수봉 남쪽 산기슭의 금토동 산73번지가 주목받았는데요. 상식적으로 보아서 거래되기 어려운 이곳의 토지에 대해 지분 쪼개기가 이루어졌습니다. 이 지역의 토지를 구입한 사람들이 부동산 업체를 고소·고발한 사건은 현재도 진행 중입니다. 많은 전문가와 언론에서는 이 금토동 산73번지를 둘러싼 거래를 다단계 방식으로 기획부동산을 판매한 의혹이 짙다고 지적하고 있습니다.

이 부동산을 거래한 당사자분의 인터뷰가 있었는데요, 그 가운데 특히 안타까운 대목이 있었습니다. 동네 지인이 이 토지를 소개했다고 하는데, 그분은 "판교 제2테크노밸리 주변이고 제3테크노밸리도 생기니 사두기만 하면 돈이 된다"라며 문제가 된 토지를 권했다고 합니다. 판교 제2·제3테크노밸리 조성사업은 실제로 존재하는 사업이고, 이 사업대상지 근처에 문제가 된 토지가 있으니 얼핏 들으면 혹할 만합니다.

이 인터뷰의 당사자분은 동네 지인이 보여준 지도를 보고는 2,000만 원 정도를 투자했다고 합니다. 그런데 한 달 뒤에 실제로 현장에 가보고는 무언가 잘못되었다는 사실을 직감합니다. 도저히 택지개발 대상이 될 수 없는 급경사 산지였던 것이지요.

이 인터뷰를 읽으면서 저는 답답하기도 했고 궁금하기도 했습니다. 이분은 투자 전까지 한 번도 금토동이라는 곳에 간 적이 없으신 것 같고, 아마 '경기도 성남시 금토동'이라는 지명도 들어본 적이 없으셨을 겁니다. 하기는 제가 만나는 성남시민분들도 금토동이라는 지명을 잘 모를 정도이니, 타지 분들께는 당연한 일입니다.

금토동의 지명이 이렇게 낯선 데에는 이유가 있습니다. 금토동은 경기도 성남시의 군사공항인 서울공항과 서울시 송파구 사이에 끼어 있습니다. 반세기 전인 1960년대 초까지만 해도 남부 지방에서 서울로 들어가기 위해서는 판교에 이어서 이 금토동 지역을 통과해야 했습니다. 이렇게 전통적인 교통의 요지였다 보니 지금도 경부고속도로가 이곳을 통과하고 있지요. 게다가 제2경인고속도로·수도권제1순환고속도로가 동서로, 서울과 용인 수지구를 잇는 용인서울고속도로가 동북에서 서남 방향으로 달리고 있습니다. 얼마 전 조성사업이 시작된 판교창조경제밸리·성남금토공공주택지구는 이들 고속도로 사이에 삼각형으로 끼어 있는 형국입니다.

토지 보상이 끝나서 주민들의 퇴거가 진행 중이던 2021년 9월에 금토동을 찾았습니다. 서울 말죽거리와 남부 지역을 이어주던 옛 마을에서는, 이번 개발사업에서 보존 대상으로 지정된 외동정미소 건물 주변 말고는 주민들의 모습을 찾기 어려웠습니다. 또 하나의 보존 대상 건물 인근에서는 기획부동산 측에서 토지보상용으로 지은 것으로 보이는 여러 채의 가건물에 철거를 뜻하는 엑스(X) 자가 그려져 있

| 사진 1 | 성남시 금토동 외동정미소. 2021년 9월

| 사진 2 | 성남시 금토동의 철거 대상 건물들. 2021년 9월

었습니다. 지난 몇 년간 전국적으로 기획부동산이 가장 많이 들어온 곳들 가운데 하나가 이 금토동이라고 하더니, 과연 그들의 흔적이 금토동 곳곳에 남아 있었습니다.

금토동 산73번지 택지개발이 어려운 이유

가건물이 모여 있는 곳에서 금토로 길을 따라 서쪽으로 더 나아가면 대안학교 부지와 농경지가 나옵니다. 그리고 도로가 끝나는 곳에서부터 등산로가 시작됩니다. 이 등산로는 '둔토리 성지'라는 동굴 즈음부터 문제가 된 금토동 산73번지에 접합니다. 둔토리 성지는 프랑스에서 조선에 잠입했다가 1866년에 체포되어 처형된 성聖 볼리외 서루도비코 신부가 박해를 피해 숨어 있던 동굴입니다. 얼마나 깊은 산골짜기인지 아시겠지요? 금토동 산73번지는 그 정도로 깊은 데다가 가톨릭 측에서 소중히 여기는 성지를 포함하고 있는 땅입니다.

게다가 이곳에는 택지개발에 문제가 되는 또 한 가지 요소가 존재합니다. 바로 군 부대입니다. 금토동 산73번지를 둘러싼 사건을 언급하는 전문가나 언론 측에서도 이 요소는 잘 다루지 않는 것 같습니다. 금토로 길이 끝나고 등산로가 시작되는 곳에는 한국군의 특수부대가 자리하고 있습니다. 이 특수부대는 등산로를 따라가면 금방 보이기 때문에 등산객들 사이에는 잘 알려져 있지만, 언론에서 이 지역의 군 부대를 다룬 적은 거의 없습니다.

구글맵에서만 보이는 땅의 실체

국가보훈처 경기남부보훈지청에서 시민들에게 공개한 홈페이지에 '성남시 충혼탑'에 대한 소개가 실려 있습니다. 이 충혼탑은 "특수요원 중 순직한 7,505명의 위해를 봉안"하고 있으며, 국군 제9965부대에서 건립했고 제5352부대에서 관리하고 있다고 합니다. 그리고 이 홈페이지에는 "성남시 금토동 산64-2"라고 충혼탑의 위치도 적혀 있습니다. 주소를 알았으니, 흔히 사용하는 지도 애플리케이션으로 이 '성남시 금토동 산64-2'를 검색해보시기 바랍니다. 여러분이 사용하는 지도 애플리케이션의 설정은 대체로 그래픽 모드일 겁니다. 그래픽 모드로 이 주소를 검색하면 등산로와 금토천 하천만 보일 겁니다.

　다음으로 그래픽 모드 말고 위성사진 모드로 검색을 하면, 그냥 초록색만 보일 겁니다. 이 그래픽 모드와 위성사진 모드를 카카오맵에서는 '지도/스카이뷰', 네이버지도에서는 '일반지도/위성지도', 구글맵에서는 '지도/위성'으로 구분하고 있습니다.

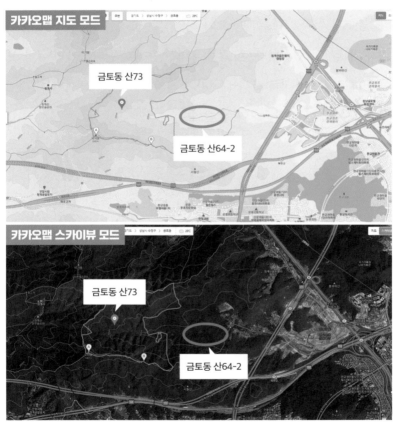

| 사진 3 | 카카오맵 지도 모드(위)와 카카오맵 스카이뷰 모드(아래)로 검색한 성남시 금토동 산73과 산64-2

국가보훈처 경기남부보훈지청에서는 이곳에 충혼탑이 있다고 했는데, 실제 땅의 모습을 찍은 위성사진에는 아무것도 보이지 않습니다. 이상하지요. 이제 구글맵이 나설 차례입니다. 구글맵의 위성사진 모드로 똑같은 지역을 보면, 카카오맵·네이버지도에서는 보이지 않던 시설이 희미하게 나타납니다.

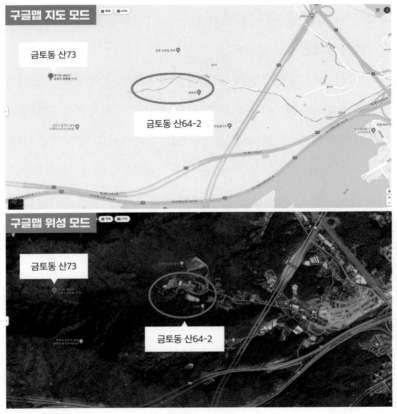

| 사진 4 | 구글맵 지도 모드(위)와 구글맵 위성 모드(아래)로 검색한 성남시 금토동 산73과 산64-2

구글은 전 세계에 서비스되다 보니, 군사시설·변전소·상하수도처리장과 같은 민감한 시설이 또렷이 드러나는 정밀 지도 데이터를 둘러싸고 한국 정부는 여러 가지 제약을 가하려 했지요. 결국 구글이 한국 내에 데이터센터를 운영하기 시작하면서 법적인 문제를 해소할 수 있는 가능성이 생겼습니다. 그래서 여러분이 흔히 이용하는 길찾기, 가게 찾기 등의 서비스는 정상적으로 기능하고 있을 터입니다. 하지만 이 위성사진에서 보듯이 민감한 시설들은 여전히 해상도를 떨어뜨려서 제공하고 있습니다.

구글이 한국의 현행법을 어느 정도 존중하면서 국제적으로 서비스하려고 한 결과가 이 희미한 위성사진입니다. 해외에서 구글맵에 접속하면 뚜렷한 위성사진을 볼 수 있고, 한국에서도 VPN 등을 이용하면 마찬가지 영상을 볼 수 있습니다. 하지만 국내 현행법에 저촉되지 않고 100% 합법적으로 구글맵에서 검색해도 '성남시 금토동 산 64-2' 같은 지역에 무언가 존재한다는 사실은 쉽게 확인할 수 있습니다. 정확한 규모는 알 수 없지만 성남시 금토동에는 군 부대가 존재하며, 이 군 부대는 금토동 택지개발지구와 이번에 문제가 된 산73번지의 중간에 자리하고 있는 것입니다.

이곳에 존재하는 군 부대의 이름이 무엇이고 기능이 무엇인지를 여기에서 말씀드리면 저는 현행법을 위반하게 됩니다. 하지만 지금까지 설명드린 대로 합법적으로 공개된 정보만 이용해도 성남시 금토동 산73번지 근처에 무언가 특수한 시설이 존재한다는 사실은 쉽게 알 수 있습니다. 그리고 현재까지 이 군 부대가 다른 곳으로 옮겨 간다는 정보는 공개된 바 없습니다.

오히려 서울시 금천구 독산동에 있던 육군 도하부대, 속칭 독산동 군 부대가 2001년에 이 근처로 옮겨오려다 좌절되었고, 서초구 서초동 에 있던 국군정보사령부가 이곳 성남시 금토동과 안양 박달동으로 분 리 이전되었습니다. 이렇게 옮길 예정이 없을 뿐 아니라 규모가 커질 가능성까지 있는 한국군 특수부대가 자리하고 있는데, 이 군 부대보다 더 산기슭인 산73번지가 개발된다는 게 상식적으로 말이 됩니까?

이런 군 부대가 옮겨간다면, 그 정보는 상당히 투명하게 공개됩니 다. 군 부대가 옮기고 난 토지를 활용하고 싶어 하는 건 투자자들뿐 아니라 도청·시청·구청도 마찬가지이기 때문입니다. 또 군 부대를 혐 오시설 취급하는 일부 시민은 끝없이 정보 공개를 청구하면서 군 부 대의 동향을 살피고 있습니다. 한국 사회에서 군 부대는 이렇게 투명 하게 시민사회의 감시를 받습니다.

만약 군 부대가 다른 곳으로 이전한다는 비밀 정보를 입수했다 며 접근해오는 업자가 있다면, 그 사람은 사기꾼이라고 간주해도 좋 을 겁니다. 그런 좋은 정보가 그 업자에게까지 흘러갈 리가 없을뿐더 러, 만약 그 정보가 사실이더라도 그 사람이 나에게 가르쳐줄 리가 없 지 않겠습니까? 그 업자가 사돈의 팔촌까지 아는 사람들을 총동원해 서 샀겠지요. "좋은 정보는 절대로 나에게까지 순서가 돌아오지 않는 다", 그리고 "세상에 공짜는 없다"라는 말은 만고의 격언입니다.

성남시의 군 부대는 금토동에만 주둔하는 게 아닙니다. 다음의 사진처럼 카카오맵과 구글맵의 위성사진 모드로 성남시 북부를 비교해봅시다. 카카오맵에서는 초록색으로 칠해져 있는 부분들이 구글맵으로 보면 누런 흙이 드러나 있음을 알 수 있습니다.

| 사진 5 | 카카오맵 스카이뷰 모드(위)와 구글맵 위성 모드(아래)로 본 성남시 북부

위쪽에 초록색으로 가려져 있는 곳은 전 국민이 알고 있는 서울공항이고, 오른쪽 아래에 존재하는 군 부대는 이 서울공항과 관련된 업무를 수행한다는 사실만 알려져 있습니다. 이처럼 성남시는 군사도시의 성격이 짙은 곳입니다. 군 부대는 특성상 주변 지역에 많은 제약을 가하고, 또 쉽게 다른 곳으로 옮겨가지도 않습니다. 이러한 군사도시의 특성은 투자처를 찾거나 살 집을 마련할 때 반드시 고려해야 할 사항입니다. 성남시 북부의 특성을 모른 채, 그래픽 모드의 지도만 보고 분당·판교에 가깝다고 착각해서 묻지 마 투자를 하면 안 됩니다.

한국은 북한과 군사적으로 대치하고 있는 나라입니다. 당연히 전국 구석구석에 군 부대가 자리하고 있습니다. 또 북한의 스파이가 정보를 쉽게 얻을 수 없도록 지도에 여러 가지 제약을 가하고 있습니다. 따라서 어떤 지역에 투자하려고 할 때는 지도 애플리케이션의 위성사진 모드를 꼼꼼히 들여다보아야 합니다. 위성사진에 초록색으로 칠해져 있는 부분을 녹지라고 넘기지 말고, 구글맵에서 확인하는 것을 습관으로 만들어야 합니다. 그리고 현장에 직접 찾아가서 그 근처에 군 부대가 있는지, 개발이 불가능한 급경사지인지, 맹지인지 등을 확인하는 버릇을 들여야 합니다.

이렇게 지도 보는 법을 익히고 임장하는 습관을 들여서 기획부동산에 속지 않게 된다면, 그것만으로도 이 책을 읽은 가치가 있습니다.

도시기본계획의 변화

장밋빛 개발 계획, 과연 실현 가능성은?

JTBC 뉴스는 2019년 4월 26일, 기획부동산에 속지 않는 기본적인 마음가짐과 방법을 알려주는 기사를 냈습니다.[1] 이 기사를 제작하는 데 협력한 이진우 오비스트 대표는 "지금은 기획부동산 전성기"라고 단언합니다. 그 이유는 정부가 국유재산 토지개발 선도사업, 예비타당성조사 면제사업, 국가산업단지 조성과 같은 사업을 적극적으로 추진하기 때문입니다.

---

1 서지영, 〈대한민국은 지금 기획부동산 '전성시대'… 대중의 공포를 파고든다〉, JTBC 뉴스, 2019년 4월 26일자

지역 균형 발전을 위해 국가가 국책사업을 적극 추진하는 것 자체는 가치중립적입니다. 예비타당성조사를 면제한 사업의 규모가 큰 것은 논란의 여지가 있지만, 예비타당성만을 강조하면 비수도권 지역이 상대적으로 불리한 처지에 놓이는 것도 사실입니다. 문제는 이런 국책사업을 틈타서 기획부동산 업자들이 횡행하는 것입니다. 이창동 밸류맵 리서치팀장은 기획부동산 업자들이 "최근 호재 말고도 각종 루머, 과거의 개발 사례, 20~30년 전 이슈를 모두 끌어서 땅을 살 사람을 모은다. 온갖 청사진은 다 갖다 붙인다"라고 지적합니다. 여타 부동산 전문가들 역시 자신의 관점에서 국책사업의 성격을 파악하고 땅의 가치를 알아보려는 노력을 하지 않는 피해자들에게도 일정 부분 책임이 있다고 지적합니다.

정부나 지방자치단체는 개발계획을 공개할 때마다 시민들에게 장밋빛 미래를 약속합니다. 이들이 제시하는 도시기본계획, 개발계획, 보도자료는 멋진 그래픽과 함께 시민들에게 제시됩니다. 도시계획가 마강래 선생은 저서 『지방도시 살생부』(개마고원, 2017)와 『지방분권이 지방을 망친다』(개마고원, 2018)에서 인구 감소가 명약관화한 그 어떤 지자체의 공무원들도 자신들의 시·군이 축소될 것이라고는 감히 말하지 못한다고 지적합니다.

모든 지자체가 인구 증가와 발전하는 미래 계획을 제시합니다. 어떤 시장·군수·국회의원도, 자신들의 도시가 더 이상 양적으로 규모를 키우지 못하니 미래에 대비해서 압축도시를 만들자고 주장하지 못합니다. 그런 사람은 선거 때 지역민에게 선택받지 못하는 것이 현실이지요. 하지만 인구가 늘고 도시가 성장할 것이라는 예측에 따라 건설한 시설이 텅 빈 채 놀고 있는 모습을 답사하면서 흔하게 목격합니다.

상황이 이렇다 보니, '어디에 살지, 어디를 살지' 고민하는 시민이라면 정부·지방자치단체가 제시하는 각종 청사진을 자신의 눈으로 해석할 수 있는 힘을 길러야 합니다. 그래야만 각종 호재를 속삭이는 사람들에 휘말려서 묻지 마 투자를 하는 대신, 이 집 혹은 이 땅이 정말로 살live & buy 가치가 있는지를 냉철하게 판단할 수 있습니다.

이런 힘은 그간 정부와 지자체들이 제시한 각종 계획이 얼마나 실현되었고, 그 과정에서 어떤 우여곡절이 있었는지를 살핌으로써 얻을 수 있습니다. 집과 땅은 한정된 자원이고, 그 성격을 쉽게 바꾸지 않으며, 큰 규모의 금액이 거래되는 대상입니다. 그렇다 보니 부동산 거래는 주식·선물·가상화폐 등에 비해 상대적으로 보수적인 성격을 띠고 있습니다. 이러한 거래를 하기 위해서는 과거의 사례들을 잘 살피는 것이 필수적입니다. 성남 도시기본계획부터 거슬러가 봅시다.

성남 도시기본계획의 변천사

하나의 도시가 그간 정기적으로 발표해온 도시기본계획들을 시간 순서대로 나열해 비교하면, 이번에 발표된 도시기본계획이 왜 나왔는지, 계획 가운데 어떤 것이 어떤 식으로 실행될 것인지를 예측할 수 있습니다.

예를 들어, 2018년에 공개된 〈2020 성남 도시기본계획(일부 변경)〉을 봅시다. 이 책자에서는 토지이용계획상 성남시가 지닌 잠재력으로 "고도 제한의 완화로 인한 본시가지 재개발사업으로 새로운 도시 기능 회복"과 "성남비행장 이전 시 대규모 개발가용지 확보"라는 두 가지 사항을 들고 있습니다. 이 두 가지 사항은 서울공항이 다른 곳으로 옮겨가거나, 최소한 공항 주변의 고도 제한이 완화된다는 전제를 깔고 있습니다.

서울시 동남부와 성남시 서북부 사이에 세로로 길게 걸쳐 있는 서울공항은 성남시라는 도시의 발전 방향을 크게 규정하고 있습니다. 현재는 서울시 송파구와 성남시 북부가 도로·철도 등으로 긴밀하게 이어져 있지만, 원래 서울과 성남은 이 성남시의 서북부를 통해 이어져 있었습니다. 그래서 조선시대에는 금토동·판교동 일대가 성남 전체에서 가장 번화한 곳이었습니다.

또 1967년에 건설부가 작성한 〈서울-인천 특정지역 건설계획 조사보고서(제6차: 한강다목적댐 능곡도시계획)〉에는 금토동·판교동의 북쪽에 자리한 둔전리에 위성도시를 건설한다는 계획이 보입니다. 이 둔전리는 현재의 둔전동이며, 서울공항의 남쪽 부분은 거의 대부분 둔전동에 해당합니다. 지금의 성남시에서 가장 도시화가 늦은 서북부 지역이 1960년대까지만 해도 성남시에서 가장 빨리 도시화될 가능성을 지니고 있었던 것입니다.

| 사진 6 | 〈서울-인천 특정지역 건설계획 조사보고서(제6차: 한강다목적댐 능곡도시계획)〉에 실린 둔전리 위성도시 계획

　　그런데 이 보고서가 작성된 뒤로 상황이 바뀝니다. 서울시가 도시빈민을 이주시킬 목적으로, 지금의 성남시 동북부에 광주대단지라는 이주단지를 개발하기로 한 것입니다. 개발 인가는 1968년 5월 7일에 났고, 주택단지 조성공사는 1969년 4월 1일에 시작되었습니다. 서울시가 트럭에 빈민들을 실어 나르기 시작한 것은 9월 1일부터였고요. 이렇게 성남시의 도시화는 서북쪽의 금토동·판교동·둔전동이 아니

라 동북쪽의 광주대단지에서부터 시작되었고, 서북쪽에는 1970년에 서울공항이 건설되면서 도시화가 중단됩니다. 원래 성남시에서 가장 번성했던 서북부가 가장 늦은 도시화를 보이는 지역으로 바뀐 것입니다. 그 후로 서울공항 주변은 개발이 억제되는데, 그 면적은 대략 성남시의 1/4 정도 됩니다.

서울공항 이전이 현실적으로 불가능한 이유

앞서 언급했듯이 성남시는 군사도시의 성격이 짙습니다. 그리고 성남시에 군사도시의 성격을 부여하는 가장 중요한 존재가 바로 이 성남비행장, 즉 서울공항입니다. 일반적으로는 한국 대통령 및 외국 귀빈을 태운 비행기들이 이곳에서 이착륙한다는 사실이 유명합니다. 하지만 이러한 기능은 서울공항이 수행하는 기능들 가운데 극히 일부일 뿐입니다. 언론 등에 공개된 사실만 보더라도 서울공항에서는 북한 지역을 정찰하는 금강정찰기와 백두정찰기가 이착륙하며, 전쟁이 발발하면 대통령 등이 이곳에서 계룡대 인근의 지하벙커로 이동합니다.

또한, 미군도 이 서울공항을 함께 이용하고 있습니다. 그렇기 때문에 서울공항을 폐쇄하려면 미군의 작전 내용이 바뀌어야 하며, 주둔군지위협정SOFA도 수정해야 합니다. 이 밖에도 "국가 비밀에 속하는 아주 중요한 일도 수행한다"고 공군에서는 밝히고 있습니다.

그러므로 서울공항의 이전은 불가능하거나 아주 먼 미래의 일이 될 것입니다. 이명박 전 대통령이 제2롯데월드 건설을 허가해주기 위해 활주로 가운데 하나의 각도를 바꾸게 하는 것만 해도 국론 분열 수준의 논란을 초래했습니다. 하물며 옮겨간다는 것은 말이 안 됩니다. 서울공항이 옮겨간다는 전제를 깔고 이야기되는 모든 개발 호재를 일단 의심의 눈으로 봐야 하는 이유입니다.

공항을 옮기는 게 아니라 공항 주변의 고도 제한을 완화하는 일도 쉽지 않습니다. 2013년에 한국의 국토부가 공항 주변 고도 제한에 대한 국제 기준을 개정하자는 안건을 국제민간항공기구ICAO에 상정했습니다. 이 안건이 채택되어서 국제민간항공기구에서는 2015년부터 국제 기준을 개정하기 위한 태스크포스를 운영하고 있습니다. 이 태스크포스의 논의 결과가 나오면 2022년에 개정안을 작성하고, 2024년에 개정안을 발표, 2026년부터 각국의 공항에 적용한다는 스케줄이 나와 있는 상태입니다. 그러므로 이 개정안이 발표되기 전에 이야기되는 모든 고도 제한 완화 호재는 거짓에 가깝습니다. 또 2026년부터 적용될 개정안의 내용이 고도 제한 완화라는 보장도 없습니다.

사정이 이렇다 보니 〈2020 성남 도시기본계획(일부 변경)〉 다음에 발표된 〈2035 성남 도시기본계획〉에서는 성남시의 미래 도시 구조에서 서북쪽 발전축을 일단 제외하고 있습니다. 이 자료집의 121쪽에는 성남시의 공간적 도시 구조를 세 가지 제시하고 있습니다. 첫 번째 대안에서는 모란·판교·서현의 3도심을 설정하고 주변에 9개의 지역 중심을 제시하고 있는데, 그 가운데 서북쪽은 고등 지역 중심으로 설정되어 있습니다. 두 번째 대안은 모란-여수-판교-서현을 성남 도심이라는 1개의 도심으로 설정하고 주변에 4개의 지역 중심을 설정하고 있는데, 이 4개의 지역 중심 가운데에도 고등 지역 중심이 설정되어 있습니다. 두 가지 대안 모두 고등 지역 중심이 존재하고 있음을 알 수 있습니다.

[공간구조 대안 비교검토]

구분		대안 1 (3 도심 + 9 지역중심)	대안 2 (1 도심 + 4 지역중심)	대안 3 (1 도심 + 2 지역중심)
공간구조		·3도심(모란, 서현, 판교)과 9개 지역중심	·성남도심(모란·여수·판교·서현)과 4개단대·정자, 고등, 서판교) 지역 중심	·성남도심(여수~판교~아탑)과 2개 지역중심 (북부, 남부)
기본개념		·관리형공간구조	·관리 및 통합형공간구조	·지역균형 발전 및 통합형공간구조
개발축		·남북발전축(모란~서현) ·고등~판교~대장	·남북발전축(단대~시청~정자) ·동서발전축(고등~시청 서판교~시청)	·남북 발전축(북부~시청~남부) ·순환발전축
보전축		·외곽보전녹지축	·외곽보전녹지축	·외곽보전녹지축
구상도				
합리성·경제성·타당성	장점	·기존 3중심 공간구조를 계승하면서 위계 부여 (도시형태의 변화 최소화) ·실제 생활권과 근접 (재정부담 적음)	·통합 성남도심을 통한 하나의 성남 미래상 일부 반영 ·행정, 산업, 광역교통 환승거점 등 전략 중심지 육성	·통합 성남도심을 통한 하나의 성남 미래상 반영 (지역갈등 발생 저감) ·새로운 도시변화에 대응 유리
	단점	·새로운 도시변화에 대응이 어려움 ·원도심과 신도시의 연결 등 다른 공간과 연계 미흡	·미개발지역수 포함 등 연속성이 떨어지는 공간으로 물리적 한계 내포 ·지역별 지역중심 모호함	·새로운 중심기능유치에 대한 재정부담 증가 ·지역중심의 모호함 내포
환경성	장점	·GB, 보전녹지지역 등 부분적 보전 유리	·GB, 보전녹지지역 등 부분적 보전 유리	·외곽보전녹지축 훼손 최소화
	단점	·도시확장축과 외곽보전녹지축 상충	·도시확장축과 외곽보전녹지축 상충	·내부순환발전축에 따른 녹지지역 일부 저축
검토				◎
채택근거		· 하나의 도심 및 도시내부와의 연계 강화 등의 공간구조 설정으로 원도심과 신도시와의 지역간 불균형을 해소하고 중장기적으로 지역주민 간의 화합을 유도		

| 사진 7 | 미래의 성남시 발전 방향에 대한 세 가지 대안. 〈2035 성남 도시기본계획〉 수록

    최종적으로 채택된 세 번째 대안에서는 성남 도심이라는 1개의 도심과 북부 지역 중심·남부 지역 중심이라는 2개의 지역 중심을 제시하고 있으며, 고등 지역 중심이라는 개념은 보이지 않습니다. 성남시는 일반적으로 북쪽에 자리한 광주대단지 시절의 구도심, 동남쪽에 자리한 분당신도시, 서남쪽에 자리한 판교신도시로 구성되어 있습니다. 분당신도시와 판교신도시는 현재 분당구라는 하나의 행정구역으로 묶여 있는데, 서쪽의 판교신도시를 떼어내서 판교구를 만들자는 구상이 오랫동안 존재했습니다. 2008년에는 실제로 판교구를 설치하기로 했었지요. 하지만 분당구와 판교구가 나뉘면 분당과 판교 가운데 어느 쪽의 브랜드 가치가 더 높아질지를 둘러싸고 주민들 사이에 극심한 갈등이 발생해서, 결국 이 계획은 무산되었습니다.

    〈2035 성남 도시기본계획〉의 세 번째 대안은 성남시의 남부를 분당과 판교로 세로로 쪼개는 게 아니라, 분당과 판교를 반씩 포함해서 가로로 쪼개는 방법을 택해서 갈등을 억누르려 하고 있습니다. 그리고 고등동을 중심으로 한 서북부 지역을 하나의 지역권으로 묶는 대신, 북부 지역 중심과 성남 도심이라는 2개의 중심에 나누어 배치하고 있습니다. 서북부를 통해 서울로 향한다는 방향성도 제시되어 있지 않습니다. 2020년과 2035년 2개의 성남 도시기본계획을 비교해보면, 성남공항과 주변 군사 지역에서 급진적인 변화가 일어나지 않으리라는 사실을 성남시 측에서 인정했음을 알 수 있습니다. 해당 지역의 지자체가 제시하는 이러한 방향성을 이해하고, 또 그 지역을 둘러

싼 국제적인 추세와 안보 현실을 거시적으로 파악하고 있다면, 주변
에서 호재라고 이야기하는 정보들의 진위를 어렵지 않게 판단할 수
있을 것입니다.

인구 증가와 도시계획의 관계

인구가 늘면 도시가 성장한다

도시가 성장한다는 것을 보여주는 가장 중요한 수치는 인구의 수입니다. 인구가 늘면 도심에서는 재개발·재건축 수요가 높아지고 외곽에서는 도시화 속도가 빨라집니다. 특히 2022년 1월 13일부터 특례시 제도가 시행되면서 인구가 100만 명을 넘는 고양시·수원시·용인시·창원시가 특례시로 지정되었습니다. 특례시로 지정을 요구해온 지자체들은, 특례시가 되면 국민기초생활보장사업 기본재산액이 상향 조정되어서 시민들에게 더 큰 혜택을 줄 수 있다는 점을 내세웠습니다. 하지만 실제로는 행정구를 설치하고 부시장 자리가 늘어난다는 부분이 눈에 띕니다. 개인적으로 특례시가 되어서 가장 기뻐하는 사람은 해당 지자체의 공무원분들이 아닌가 하는 느낌을 받습니다.

아무튼 이 특례시 제도가 시행되면서 경기도의 1기 신도시 형제 자매라고 할 수 있는 남부의 성남시와 북부의 고양시는 서로 엇갈린 운명을 맞이했습니다. 고양시는 인구가 100만 명을 넘어서 특례시로 지정된 반면, 93만 명의 시민이 살고 있는 성남시는 특례시로 지정되지 못했습니다.

성남시 100만 인구, 과연 가능할까?

앞에서 소개했던 〈2020 성남 도시기본계획(일부 변경)〉과 〈2035 성남 도시기본계획〉에서는 모두 성남시의 인구가 100만 명을 넘을 것이라는 전제에서 여러 가지 계획들이 제시되어 있습니다. 〈2020년 성남 도시기본계획(일부 변경)〉에서는 "인구 114.2만 인의 수용을 위한 토지 용도 현실화"라는 항목을 확인할 수 있습니다. 하지만 그 뒤로 성남시의 인구는 100만 명에 도달하지 못했습니다. 오히려 2014년에 992,215명이던 인구가 2018년에 954,919명으로 줄어들었습니다. 성남시의 인구가 줄어드는 가장 큰 이유는 분당·판교 지역의 주택 가격 상승과 구도심 지역에서 활발하게 이루어지고 있는 재건축이겠지요.

그래서인지 〈2035 성남 도시기본계획〉에서는 "성남시 전체의 연 평균 증가율은 -0.95%의 인구 감소율을 보이고 있다"고 언급해 인구가 줄고 있는 현실을 우선 인정합니다. 하지만 목표치를 약간 낮추면서도 결국 인구 100만 명을 돌파할 것이라는 희망을 버리지는 않습니다. 2018년 980,089명, 2020년 988,000명, 2025년 1,054,000명, 2030년 1,075,000명, 최종적으로 2035년에 108만 명에 도달한다는 목표치를 제시합니다. 참고로 2014년에 992,215명이었고 2018년에 954,919명이던 성남시의 2022년 6월 현재 인구는 926,645명입니다. 인구 감소세가 이어지고 있는 것입니다.

이런 상황을 심각하게 본 성남시는 지난 2022년 3월 17일, 2030년을 '저출산·고령화'에 대비하기 위해 2023~2030년 인구 정책 기본 계획 수립을 위한 연구용역에 착수했다고 밝혔습니다. 《연합뉴스》의 기사[2]에 따르면, 성남시는 인구가 감소하고 있는 이유가 "저출산과 수도권의 높은 부동산 가격"이라고 밝혔습니다. 문제의 본질을 파악하고 있는 것이지요. 하지만 성남시는 여전히 '일시적 인구 유출'이라는 희망적인 판단을 하고 있습니다. 특례시가 되지 못한 데 대한 충격이 확실히 큰 것 같습니다만, 이것은 어디까지나 공무원들의 사정이지요.

성남시와 고양시가 이렇게 인구 차이를 보이는 것은, 특히 분당신도시가 고양신도시보다 아파트 가격이 높은 데에서 비롯되었을 가능성이 있습니다. 두 신도시의 3.3㎡당 아파트 평균 매매가격 차이가 2017년 5월 9,219,000원에서 2020년 10월 23,673,000원으로 크게 늘

---

2   이우성, 〈2030년 목표 '저출산·고령화' 인구정책 수립 추진〉, 연합뉴스, 2022년 3월 17일자

어났다는 언론 보도도 있었습니다. 많은 사람이 선호하는 주거 형태인 아파트 가격에서 이렇게 큰 차이가 나니, 그곳에서 살 수 있는 인구의 수에 차이가 생기는 것은 당연합니다. 자기 지역이 부동산 가격이 높은데도 불구하고 인구도 늘어나기를 바라는 것은 욕심에 가까운 바람으로 보입니다.

인구 증가를 전제로 한 호재를 의심해야 하는 이유

아산신도시의 도시기본계획 수립을 맡았던 도시설계학자 안건혁은, 자신이 이 용역을 수행하던 당시의 시장이 2010년 목표 인구를 100만 명으로 설정해달라고 압력을 가하는 바람에 곤혹스러웠던 경험을 최근 저서 『분당에서 세종까지: 대한민국 도시설계의 역사를 쓰다』(한울아카데미, 2020)에서 밝혔습니다. 안건혁 본인의 판단으로 적절한 목표 인구는 40만 명이었지만 시장을 설득하지 못해 결국 80만 명으로 설정하고는 용역을 마무리 짓게 됩니다. 하지만 당시의 시장은 목표 인구를 100만 명으로 고쳐서 건설교통부에 제출했다고 합니다. 이 수정된 계획은 중앙도시계획위원회에서 부결되었고, 2019년 기준 아산시의 인구는 30만 명을 겨우 넘었다고 안건혁은 밝힙니다.

저는 물론 아산시와 천안시에 걸쳐서 건설되고 있는 배방·탕정신도시의 미래 가치를 높게 평가합니다. KTX 천안·아산역 주변의 아파트 단지로 이사하는 분들도 실제로 주변에 적지 않습니다. 또 삼성전

| 사진 8 | 배방신도시의 한가운데 자리한 장항역·모산역 폐역 자리. 사진 왼쪽으로는 예전의 한적하던 모산역 역전 마을이 보이고, 사진 오른쪽으로는 배방신도시에 건설 중인 고층아파트 단지들이 보입니다. 사진 왼쪽의 옛 마을은 앞으로 배방신도시의 먹자골목이자 관광지로 기능할 것 같습니다. 어떤 신도시라도 결국 약간의 구도심을 필요로 하는 법입니다. 신도시 주변에서 개발되지 않고 남겨질 구도심 지역도, 이런 관점에서 보자면 나름대로의 투자 가치를 지니고 있습니다. 2019년 3월

자·삼성디스플레이라는 탄탄한 물적 기반을 가지고 있기 때문에 이 지역의 주택 수요는 투기가 아닌 실수요라고 할 수 있습니다. 하지만 그렇다고 해서 100만 인구에 도달하리라고 예측하기는 힘들지요.

위의 에피소드를 소개하면서 안건혁은 말미에 "모든 시군의 목표 인구를 합치면 아마 1억 명도 넘을 것이라는 우스갯소리가 있을 정도"라고 이야기합니다. 도시기본계획은 결국 이런 것입니다. 서울시를 비롯한 전국 각지의 도시기본계획에 적힌 내용을 금과옥조처럼 떠받들면서 투자 계획을 세우면 안 되는 이유입니다. 인구가 늘면 도시가 넓어지고 밀도가 높아집니다. 인구가 줄면 그 반대 상황이 펼쳐지고요. 인구 증가를 전제로 외곽 지역의 개발, 또는 도심지의 재건축 가능성을 제시하는 호재들에 주의해야 할 이유입니다.

지난 2021년 말, 특례시로 지정될 예정인 도시들에서 기대감이 높아지면서 부동산 가격이 급등하고 있다는 언론 보도가 있었습니다. 특례시 지정이 부동산 가격에 미치는 영향 관계가 불확실한데도, 이런 것 하나하나가 호재로 작동하는 게 현재의 부동산 시장입니다. 따라서 도시기본계획이 나올 때마다 들떠서 일희일비하지 말고, 그간의 도시기본계획 및 상위 계획들을 살피면서 장기적인 추세를 들여다볼 필요가 있습니다. 그렇게 해야 성남시의 서북부에 묻지 마 투자를 했다가 낭패를 보는 식의 비극이 발생하지 않을 것입니다.

이창동 밸류맵 리서치팀장은, 기획부동산이 사람들을 끌어모으기 위해 수십 년 전의 온갖 개발 사례와 이슈들까지 다 갖다 붙인다고 지적합니다. 성남시의 도시기본계획을 꼼꼼히 살피면서 설명했듯이, 도시기본계획에는 희망과 현실이 뒤섞여 있습니다. 도시기본계획에 실려 있다고 해서 모두 실현되는 것은 아니고, 또 모든 것이 희망에 그치는 것도 아닙니다. 무엇이 실현되고 실현되지 않을지 가려낼 수 있다면, 도시기본계획을 포함한 각종 도시계획은 유용한 투자 정보로 사용할 수 있습니다. 지금부터는 식민지 시기에 실행된 토지구획사업과 제3공화국이 제시한 여러 사업계획서들을 들여다보면서 옥석을 가려봅시다.

식민지 시기 평면도에서
엿보는 현대 한국

식민지 시기의 도시계획이 계승되는 이유

한반도에서 최초로 제작된 근대 도시계획법인 1934년의 '조선시가지 계획령'은 광복 후에도 한동안 법적 효력을 지니며 후대의 법규와 도시계획에 영향을 미쳤습니다.[3] 현대 한국의 도시 정책 관련 공무원들은 식민지 시기에 제작된 도시계획 관련 규정과 설계를 계속해서 현실화했습니다. 도시계획학자 김의원은 식민지 시기에 경성부와 조선총독부가 설계한 경성(서울)의 계획도로노선 300여 개가 '불

---

3   임범택, 〈부평 토지구획정리지구의 변천과정에 관한 형태적 연구〉, 서울대학교 환경대학원, 2019년 2월

도저 시장'이라 불린 김현옥 임기에 모두 실현되었다고 증언합니다.[4] 이런 사정은 서울시에 한정되지 않습니다. 광주광역시의 경우에는 1939년에 발표된 〈광주시가지계획〉이 1967년의 〈광주 도시계획 재정비〉로 계승되었습니다.[5]

이런 현실을 보면서 어떤 분들은 '공무원은 친일파'라고 생각할지도 모릅니다. 하지만 저는 이런 현실에서 '행정의 연속성' 혹은 '행정의 관성'을 읽어냅니다. 한번 완성된 도시계획이 민족과 국가를 초월해서 후대의 공무원들에게 이어지는 것입니다. 그것이 공무원 사회의 보수성이기도 합니다. 한강과 서해안을 잇는 아라뱃길은 길게 보면 고려시대부터 조선시대와 식민지 시기를 거쳐 현대 한국 정부가 비로소 완성시킨 1,000년짜리 프로젝트입니다. 기획부동산 업자들이 온갖 과거의 계획을 끌어들이는 것도, 그들이 이런 행정의 연속성을 꿰뚫고 있기 때문에 가능한 작전입니다.

물론 모든 계획이 실현되는 것은 아닙니다. 금토동·둔전동을 중심으로 한 성남시 서북부가 서울의 말죽거리와 직결된 전통적인 교통의 요지였고, 1960년대 후반에도 이곳에 위성도시를 건설할 계획이 세워졌지만, 결국 이 지역은 군사 지역과 개발제한구역으로 머물렀

---

4   "김의원: 일제시대 일본인들이 서울에 그어놓았던 계획도로노선이 확장을 포함해서 삼백몇십 개 돼요. 이거 언제 정리가 다 됐느냐 하면 김현옥 시장 때이지. 도시계획으로 그어놓았던 것 싹 정리가 다 됐어. 전부 공사를 다 끝냈지." 대한국토·도시계획학회, 『이야기로 듣는 국토·도시계획 반백년』, 보성각, 2009년, 264쪽

5   임성기, 〈광주광역시 도시공간구조 변천에 관한 연구〉, 한국지역개발학회, 2010년, 24쪽

습니다. 말죽거리에서 금토동·둔전동을 통과한 다음에 다다르게 되는 판교 지역도 성남 구도심과 분당보다 늦게 개발되었습니다.

인천시 계양구의 개발, 100년 만에 실현될까?

이런 관점에서 볼 때, 아직 실현되지 않은 대규모 개발 지역 가운데 하나는 인천시 계양구입니다. 1936년에 경기도 시흥군의 영등포읍 일대를 경성부에 편입시킨 조선총독부는 인천부와 경성부를 하나의 도시로 합치는 〈경인시가지계획〉을 1939년에 발표합니다. 이 계획에 따라 한강 북쪽의 경성과 서해안의 인천 사이에는 지금의 부천

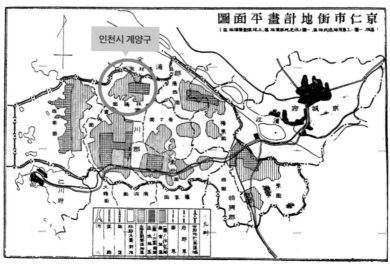

| 사진 9 | 1939년 10월 3일자 《조선일보》〈경인시가지계획결정안 금일 정식으로 발표〉에 실린 계획도. 동그라미 친 부분이 인천시 계양구 지역입니다.

구도심, 부평역 주변, 인천시 서구 지역을 비롯한 여러 곳에 주택·공업 지역을 조성할 것이 계획되었습니다.

이 계획이 발표된 뒤 일본제국은 중일전쟁과 태평양전쟁 때문에 더 이상의 도시계획을 추진하지 못하고 패망했습니다. 하지만 이 계획에 나와 있는 지역들은 광복 이후 대부분 도심지로 성장했습니다. 그런 가운데 조선시대에 부평도호부 관아가 있던 계양구 지역은 상대적으로 도시화가 늦었습니다. 경인고속도로 주변으로 공업지대가 건설되고 주거지가 형성되기는 했지만, 계양구 지역에는 불량 주택과 단독주택이 밀집한 재개발·재건축 예정지가 여전히 많이 존재합니다. 그 가운데 2006년부터 도시개발사업이 시작된 효성동 지역은 숱한 우여곡절을 거치다가 최근에는 비리 의혹까지 제기된 상황입니다.

| 사진 10 | 효성 도시개발구역. 카카오 스카이뷰 모드

| 사진 11 | 효성 도시개발 예정지. 2020년 2월

이렇게 복잡한 사정이 존재하는 지역이기는 하지만 결국 이 지역
은 주거 지역으로 재개발될 것으로 보입니다. 1939년에 조선총독부
가 계획한 경인 지역의 도시개발사업이 한국 정부와 지자체에 의해
거의 100년 만에 완료되는 것이지요.

토지구획 정리계획 평면도 살펴보기

앞서 소개한 1939년 10월 3일자 《조선일보》에 수록된 지도의 원
본은 국가기록원에 소장된 〈경인시가지계획 평면도〉입니다. 국가기
록원에는 조선총독부와 경성부 등 당시의 관청에서 제작된 토지구획
정리사업 평면도가 여럿 존재합니다. 이들 평면도를 잘 들여다보면

몇 가지 흥미로운 점을 확인할 수 있습니다.

　대현·영등포·청량리 지역의 평면도에서는 공통적으로 토지구획 정리사업에서 제외된 지역을 찾을 수 있습니다. 다음의 〈대현 토지구획 정리계획 평면도〉를 보면, 크게 '제척지除斥地'라고 적혀 있는 지역이 현재 아현2구역에 해당하며, 아현2구역 아이파크 SK VIEW 아파트가 건설 중입니다. 그리고 이 제척지 근처의 질서정연한 블록은 1941년에 계획된 그대로의 도시 구조를 지니고 있습니다. 제척지는 1941년에 도시계획을 세울 때 이미 도시화가 진행되어 있던 상태였기 때문에 당시에 손대기가 어려웠을 것입니다. 그리고 1941년의 도시계획을 피해간 이 아현2구역은 2000년에 재건축조합이 성립되어

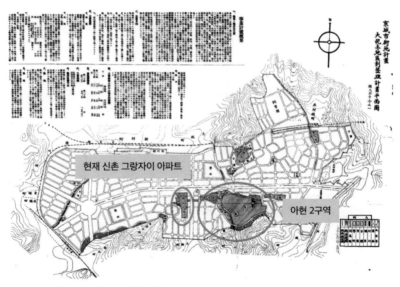

| 사진 12 | 〈대현 토지구획 정리계획 평면도〉

현재는 아파트 단지가 건설되고 있습니다. 아현2구역 왼쪽에 작은 동 그라미를 친 제척지도 현재 신촌 그랑자이 아파트로 재건축이 완료 되었습니다.

〈영등포 구획 정리지구 평면도〉에도 지도 바닥의 영등포역 근처에 두 곳의 검게 칠해진 구역이 존재합니다. 두 지역 모두 제척지라고 적혀 있습니다. 왼쪽의 제척지는 영등포 청과시장, 오른쪽의 제척지는 영등포 중앙시장입니다. 이 지역은 1939년에 영등포 지역에서 토지구획 정리사업을 계획할 당시 이미 도시화가 어느 정도 진행되어 있었습니다. 영등포는 1936년에 경성에 편입되기 전인 1911년부터 시흥군의 군청 소재지로서 일찍부터 도시화가 시작되었기 때문입니다.

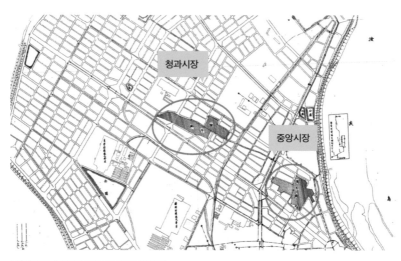

| 사진 13 | 〈영등포 구획 정리지구 평면도〉

그리하여 1936년에 도시계획을 피해간 이 두 곳의 제척지 가운데 오른쪽의 영등포 중앙시장 지역은 2022년 현재 조합원·세입자의 이주가 진행되고 있습니다. 왼쪽의 영등포청과시장도 머지않아 재개발사업이 본격화될 것으로 예상할 수 있습니다.

| 사진 14 | 재개발에 따른 이주가 진행 중인 영등포 중앙시장. 2022년 1월

영등포역 주변이 도시화되기 시작한 것은 일본인들이 이주한 19세기 말 이후이므로, 이들 지역은 100여 년 만에 그 모습을 바꾸고 있는 것입니다. 참고로 평면도에서 사각형으로 그려진 부분은 공장의 부지들입니다. 영등포에서 공장이 빠지면서 이들 부지에는 일찍부터 아파트 단지들이 들어섰습니다.

오른쪽에 있는 〈청량리 토지구획 정리지구 현황 및 계획 평면도〉에서는 세 곳에 동그라미를 쳤습니다. 가장 큰 동그라미에는 '경성제국대학'이라고 적혀 있습니다. 경성제국대학 예과가 들어서 있던 지역입니다. 영등포의 공장 부지와 마찬가지로, 대학 부지도 아파트 단지로 재건축하기에 편리하지요.

경성제국대학의 아래쪽, 청량리역 서남쪽의 동그라미에는 예전에 속칭 '청량리 588'이라 불리던 성매매집결지가 자리하고 있었지요. 이곳도 인천시 계양구 효성동처럼 철거에 이르기까지 우여곡절이 많았지만, 결국 철거가 완료되고 지금은 용적률 959.9%의 한양수자인 그라시엘을 비롯한 여러 건의 재건축 사업이 진행되고 있습니다.

왼쪽의 작은 동그라미는 홍릉로15길, 제기로20길, 약령시로, 약령시로17길로 둘러싸인 블록입니다. 이 지역에서는 20세기 전기부터 경성에서 지어지기 시작한 개량 기와집이 많이 보입니다. 아마도 1911년에 청량리역이 영업을 시작한 뒤로 도시화된, 100년은 된 오래된 블록임을 짐작할 수 있습니다. 이 지역에서는 재건축·가로주택정비사업을 추진하는 여러 단체의 플래카드를 확인할 수 있습니다. 영등포역 북쪽의 제척지와 마찬가지로, 1930년대의 도시개발을 피한 이 청량리역 북쪽의 제척지도 드디어 재건축할 때가 된 것 같습니다.

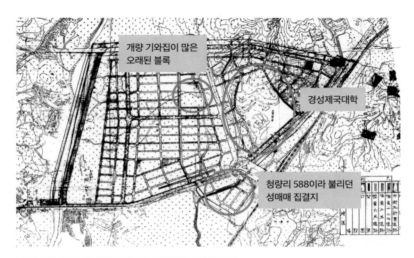

개량 기와집이 많은
오래된 블록

경성제국대학

청량리 588이라 불리던
성매매 집결지

| 사진 15 | 〈청량리 토지구획 정리지구 현황 및 계획 평면도〉

| 사진 16 | 청량리 외곽에서 올려다본 한양 수자 | 사진 17 | 청량리역 북쪽의 오래된 블록. 2020년 12월
인 그라시엘 건설 현장. 2022년 3월

상도부유지 안내도 살펴보기

대현·영등포·청량리의 토지구획 정리사업 평면도를 보면서, 1930~1940년대에 도시개발에서 제외된 제척지들이 약 70~80년 지난 21세기에 들어 재건축되었거나, 될 예정이라는 사실을 확인했습니다. 한편, 1943년에 제작된 〈상도부유지 안내도〉에서는 또 다른 정보를 찾아낼 수 있습니다. 이 상도동의 경성부 소유 토지는 경성부가 추진한 마지막 도시계획 지역 가운데 하나였습니다.

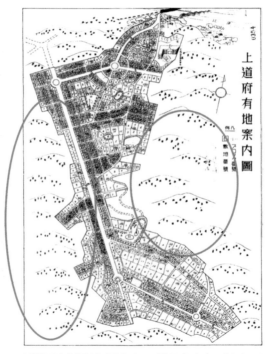

| 사진 18 | 〈상도부유지안내도〉, 표시한 곳의 빈 땅은 경사가 급해서 당시로서는 개발하기 곤란해 1940년대 초의 개발에서 제외되었으나 현재는 고층 아파트들이 들어서 있습니다.

안내도에서 왼쪽 위가 수도권전철 7호선 상도역, 오른쪽 위가 상
도터널과 수도권전철 9호선 노들역, 아래쪽은 7호선 숭실대입구역
일대입니다. 여기에서 조금 더 아래로 가면 살피재고개 너머로 관악
구가 나타나지요.

이 지역의 개발을 담당한 것은 조선주택영단이었습니다. 조선주
택영단은 광복 후 대한주택공사로 바뀌었고, 2009년에는 한국토지공
사와 합병해서 한국토지주택공사, 즉 LH가 되었지요. 상대적으로 늦
게 도시화가 진행된 이 상도동 지역에는 눈에 띄는 제척지가 없었습
니다. 그래서 1941년 당시 온전하게 도시계획이 실행되었습니다. 공
원 부지로 지정된 곳들은 광복 후 대부분 판자촌으로 바뀌었고, 이후

| 사진 19 | 상도역 주변에 남아 있는 조선주택영단의 영단주택. 서울 강북이나 영등포가 아닌 한강 남쪽에서
일식 가옥을 발견할 때마다 특이한 느낌을 받습니다. '네가 여기 왜 있어?' 하는 느낌 말이지요. 2021년 1월

저는 구청에서 이들 지역을 공원용지로 되돌리려고 주민과 대립하는 현장을 직접 목격하기도 했습니다. 이때 행정의 연속성 또는 행정의 관성을 처음 실감했지요.

이 평면도에서는 눈에 띄는 제척지가 없는 대신, 다른 곳에 눈길이 갑니다. 택지개발지의 모양이 운동기구인 아령처럼 가운데가 오목하게 생겼지요? 저는 처음에 이 평면도를 보고 '왜 이렇게 이상한 모양으로 개발했을까?'라는 궁금증을 가졌습니다. 그래서 이 평면도를 들고 상도동을 구석구석 걸어 다녔습니다.

실제로 현장을 걸으면서 알게 된 것은, 상도부유지는 당시로서는 개발할 수 있는 최대 경사지까지 모두 개발한 결과물이라는 사실이었습니다. 이 평면도의 왼쪽과 오른쪽에 산으로 표시되어 있는 빈 땅은 정말로 경사가 급해서 당시로서는 개발하기 곤란한 곳들이었습니다. 그러다 보니 1940년대 초의 개발에서 제외된 것입니다. 현재는 상도역 롯데캐슬 파크엘 아파트·힐스테이트 상도프레스티지 아파트·힐스테이트 상도센트럴파크 아파트·래미안 상도3차 아파트 등이 들어서 있습니다. 서울 강북에서는 1930년대 말에 제척된 오래된 블록들이 먼저 고층아파트로 재건축되고 있고, 강남의 옛 경성부 토지에서는 1940년대 초에 제척된 경사지가 먼저 고층아파트로 재건축되었습니다.

평면도에서 얻을 수 있는 인사이트

식민지 시기에 진행된 토지구획 정리사업의 현황을 보여주는 평면도에서 얻을 수 있는 인사이트는 다음과 같습니다. 1930~1940년대에 토지구획 정리사업의 대상지가 된 곳보다는, 이때 제척된 더 오래된 블록이나 외곽의 경사지가 더 먼저 개발되었습니다. 그 개발의 주기는 80~100년 정도입니다. 이러한 개발 주기로부터 1930~1940년대에 정비된 구역의 개발 주기를 유추할 수 있습니다. 이들 지역은 광복 후에 개발된 지역보다 역사가 오래되었기 때문에 그만큼 소유 관계가 복잡합니다. 서울 사대문 동북쪽 바깥의 오래된 개량 기와집 블록이던 길음역 서쪽의 삼각형 지역도 지난한 과정을 거쳐 간신히 길음역 롯데캐슬 트윈골드 아파트로 재건축되고 있습니다. 속칭 '미아리 텍사스'라 불리던 서울시 성북구 하월곡동도 현재 신월곡1구역으로 지정되어 정비사업이 진행 중인데, 마찬가지로 사업 추진에 어려움을 겪고 있는 것으로 알려져 있습니다.

도심의 오래된 블록은 입지 조건이 좋은 만큼 소유권 문제가 복잡하고 조합원과 세입자의 관계도 풀어내기가 쉽지 않습니다. 정비사업에 익숙하지 않은 분들이라면, 식민지 시기와 현대 한국의 각종 개발계획 평면도를 살피면서 현재의 개발 추진 상황과 비교해보면 배우는 바가 많으리라 믿습니다.

• 2장 •

경인운하 및
행정수도 계획의
변천사

행정의 연속성,
행정의 관성

반드시 살펴야 할 3가지 국가 프로젝트

지금까지 식민지 시기에 구상된 도시계획들이 어떻게 오늘날까지 영향을 미치고 있는지를 살펴보았습니다. 이제 현대 한국의 정부가 계획한 사업들이 어떻게 진행되었는지, 그 가운데 어떤 것들이 좌절되었는지 들여다보겠습니다. 현대 한국 정부와 지자체들이 수립한 계획은 실제로 현실화될 가능성이 크기 때문에 잘 살필 필요가 있습니다. 또 그만큼 기획부동산이 사람들을 끌어들이기에 좋은 소재이기 때문에 속고 살지 않기 위해서라도 공부해두는 것이 좋겠습니다.

특히 이 글에서는 세 가지 국가 프로젝트에 주목할 것입니다. 식민지 시기에 입안된 경인운하, 박정희 정권 초기에 입안된 한강다목적댐, 박정희 정권 말기에 입안된 행정수도 백지계획입니다. 세 가지 국가 프로젝트는 민족과 정파를 초월해서 결국 아라뱃길, 신곡보, 세종특별자치시라는 형태로 실현되었습니다. 처음 프로젝트가 입안돼서 실현되기까지 어떤 우여곡절이 있었고, 그 과정에서 어떻게 모습을 바꾸어가며 지금의 결과물이 탄생했는지 살펴볼 것입니다. 이 세 가지 국가 프로젝트의 시작부터 완성까지를 살펴보면, '호재'라는 이름으로 여러분 주변에 떠돌고 있는 각종 프로젝트의 실현 가능성과 최종 형태를 예측하는 힘이 길러질 것입니다.

앞선 계획을 흡수하며 커져가는 개발계획들

한반도에서 추진된 대규모 개발계획들 가운데 특히 주목할 만한 것들이 몇 가지 있습니다. 1940년에 조선총독부가 발표한 조선시가지계획령, 1959년에 제1공화국이 발표한 경제개발3개년계획안(1960~1962), 제2공화국에서 제3공화국에 걸쳐 입안된 제1차 경제개발5개년계획(1961~1965), 1967년의 대국토건설계획(안) 등입니다. 이들 경제개발계획은 앞서 마련된 계획을 배제하는 게 아니라 흡수해가면서 규모를 키워나갔습니다.

행정의 연속성 내지는 행정의 관성을 단적으로 보여주는 것이 1961년 5월 18일자 관보 2858호에 실린 〈군사혁명위원회 포고 제12호〉입니다. 5·16 군사정변을 주도한 세력은 이 포고에서 앞선 정부의 경제개발계획을 부정하지 않고 이어갈 것임을 선언합니다.

> "전국적으로 추진 중인 국토건설사업은 민족적 과업이며 어떤 권력이
> 나 정치력에 지배되어서는 안 된다. 따라서 국토건설사업은 예정대로
> 계속 진행한다."

어떤 사람들은 이 부분을 보고 5·16 군사정변을 일으킨 세력들이 제2공화국의 경제개발계획을 '베꼈다'고 주장하기도 합니다. 하지만 저는 이것을, 식민지 시기에서 제1·제2공화국을 거쳐 제3공화국에 이르기까지 행정의 연속성 내지는 행정의 관성이 작용한 것이라고 이해합니다.

경인운하 사업의 역사

식민지 시기부터 오늘날에 이르기까지 행정의 연속성 내지는 행정의 관성이 가장 크게 작용한 사업은 아라뱃길 건설사업입니다. 이 사업이 완성된 이명박 전 대통령 시기에는, 고려시대에 처음 시도된 굴포천 건설사업이 아라뱃길 사업으로 이어졌다는 식의 이야기가 많았습니다. 류창호는 논문 〈굴포천 개착과 '경인운하' 계획〉에서 이런 주장의 근거가 부족하다고 지적합니다. 그리고 경인운하 계획이 본격화된 것은 식민지 시기였으며, 광복 후에도 각 정권들이 식민지 당국의

이 계획을 이어받아 지속적으로 사업을 추진했다고 해설합니다.

식민지 시기에 발간된 신문들에서 경인운하 사업의 진행 과정을 살펴보겠습니다. 먼저 1921년 2월 25일자 《동아일보》에는 〈경성인천 간에 운하 개착 계획〉이라는 기사가 실려 있습니다. 해마다 한강 물이 넘쳐서 주변 지역에 피해를 주고 있기 때문에 운하를 뚫어서 물을 빼내자는 목적을 세운 사람들이 사단법인 경인운하 개착기성회를 결성했다는 내용입니다. 이 사업이 민간에서 먼저 제시되었고, 원래의 목적은 물난리 해결이었다는 사실을 기억해둡시다. 왜냐하면 1930년대가 되면 경인운하의 목적이 바뀌기 때문입니다.

1938년 2월 19일자 《조선일보》 기사 〈경인일체의 제1보-4월부터 실지조사〉에서는 "조선의 심장부 경성과 그 문호가 되어 있는 인천을 한 집처럼 만들자는 경인일체화"의 방법으로 경인운하를 뚫자는 논의가 있다고 전하고 있습니다. 처음에는 재난을 극복할 목적으로 제안되었던 경인운하가 어느새 경인일체화라는 정치적 목표를 이루기 위한 수단으로 규모를 키웠습니다.

하지만 막상 1939년에 발표된 경인시가지계획에서는 경인운하의 목표 규모가 대폭 줄어들었습니다. 1939년 10월 28일자 《조선일보》 기사 〈현안의 경인운하〉에서는, 기존에 마포와 주안을 잇는 34km 규모의 운하 길이를 김포에서 검단까지의 10km로 축소하는 계획안이 대두되고 있다고 전합니다. 이 축소된 경인운하 계획안이 결국 70여 년 뒤인 2012년에 18.8km 길이의 아라뱃길로 실현된 것입니다.

경인운하 계획은 처음 논의가 시작된 식민지 시기에 이미 규모와
위치를 둘러싸고 숱한 논란과 변동이 있었습니다. 이러한 상황은 광
복 후에도 계속되었습니다. 제1공화국 시절인 1956년 11월 27일자
《조선일보》기사 〈경인운하 개설 당분간 무망〉에서는, 한국 정부가
추진하는 경인운하 개설계획을 미국 기술단 측이 거부했다는 소식을
전합니다. 공업용수를 공급한다는 목적 이외에는 긴급하게 추진할
이유가 없다는 것이었습니다.

미국 측의 거부에도 불구하고 제1공화국은 계속해서 경인운하 사
업을 추진했습니다. 위의 기사가 나온 2년 뒤인 1958년 6월 28일자
《동아일보》기사 〈앞으로 경인운하 개척할 준설선 '마포호' 어제 명
명식 성대〉는, 이승만 대통령 등이 참석한 가운데 경인운하 준설선에
'마포호'라는 이름을 붙이는 명명식이 여의도공항 부근의 백사장에서
있었다고 전합니다. 기사에는 마포호의 사진도 실려 있습니다. 그 후
경인운하 사업이 어떻게 추진되었는지를 알고 있는 저에게는 이 작

| 사진 1 | 경인운하를 준설하는 데 쓰일 예정이었던 마포호

은 나룻배로 경인운하를 뚫겠다고 믿은 당시 사람들의 생각이 참 소박했다고 느껴지기도 하고, 운하를 뚫는 데 이런 배밖에 없었던 당시 한국의 능력이 안타깝게도 느껴집니다.

그 후 1960년 4월 19일에 4·19 혁명이, 1961년 5월 16일에 군사정변이 일어나면서 경인운하 사업은 흐지부지됩니다. 군사정변이 발발한 1년 뒤인 1962년 7월 23일자 《경향신문》의 〈한강 파노라마 (3) 김포 굴포〉라는 기사는, "경인운하의 개착"이 "우리에게는 아직도 손쉬운 일은 아니겠으나" 지난 몇백 년간의 숙원이 얼른 이루어지기를 바랄 뿐이라는 말로 끝나고 있습니다. 경인운하를 건설할 역량은 현실적으로 부족하지만, 결국은 경인운하를 완성해야겠다는 의지가 느껴집니다.

이명박 대통령 때 완성된 아라뱃길에 대해서 왈가왈부가 많습니다만, 최소한 이 사업이 관에서 일방적으로 주도한 게 아니라 처음부터 민간에서의 바람이 꾸준히 이어져 왔음은 인정하고 싶습니다. 이렇게 폭넓은 공감대가 형성되어 있었기에 행정을 집행하는 공무원들도 민족과 정권을 뛰어넘어 100년 만에 운하를 완성한 것일 터입니다. 민간의 폭넓은 지지가 없는 대규모 토목사업계획은 실현되기 쉽지 않습니다. 과거의 개발계획이 실현될 가능성이 있는지를 따질 때에는 이러한 민간의 여론이 존재하는지를 꼼꼼히 살펴야 하겠습니다. 반대로 말하면, 이러한 민간의 지지 없이 과거의 개발계획이 되살아날 경우에는 비리가 개입되어 있는지 의심해볼 필요도 있습니다.

대국토건설계획
: 경인운하 구상

경인 지역 종합개발의 6가지 핵심

제1·제2공화국을 거치며 실현 가능성이 줄었던 경인운하 구상은 5·16 군사정변이 1년 지난 1962년에 부활합니다. 이해에 건설부는 한국건설기술단에 의뢰해서 〈경인 지역 종합개발 조사기본보고서〉를 작성케 하는데, 이 보고서에 실린 계획의 핵심이 바로 경인운하였습니다. 이 보고서에는 여섯 가지 항목에 대한 검토 결과가 실려 있는데 그 첫 번째가 경인운하 건설입니다. 이 경인운하 건설계획이 명백히 식민지 시기의 경인운하 구상을 이어받으면서 선박 운항 기능을 추가한 것임을, 김의원 국토개발연구원장은 1983년 7월 1일자《매일경제》기사 〈우리의 국토 ⑧ 김포 굴포〉에서 밝히고 있습니다.

| 사진 2 | 〈경인 지역 종합개발 조사기본보고서〉에 실린 〈기본계획도〉

두 번째는 경인운하의 한강 쪽 입구에 한강다목적댐을 건설한다는 계획입니다. 이 한강다목적댐은 경기도 고양군 신도면 덕음리 대덕산과 김포군 양동면 가양리 탑산 사이에 건설하기로 했습니다. 댐이니만큼 물을 채워야 하겠지요. 댐의 8m까지 한강물을 채운다는 안과 10m까지 채운다는 두 가지 안이 제시되었습니다. 만약 10m까지 채운다는 안이 채택되었다면 이수교로터리 일대, 군자동, 잠원동, 대치동, 서빙고, 서교동, 뚝섬, 구로동, 여의도 등이 침수 피해를 입을 예정이었습니다. 보고서에서는 제방을 잘 쌓고 배수 설비를 잘 갖추

면 피해를 막을 수 있다고 제안합니다. 당시의 치수 기술 수준에서 보아서 불가능한 제안이었음은 물론이고, 그 후 서울의 한강 연안 지역이 입어온 홍수 피해를 생각하면 받아들이기 어려운 제안입니다. 결국 한강다목적댐 계획은 무산됩니다.

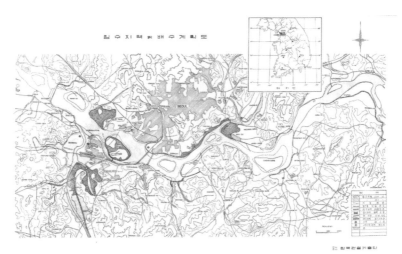

| 사진 3 | 〈경인 지역 종합개발 조사기본보고서〉에 실린 〈침수 지역 및 배수계획도〉

경인중간도시와 위성도시 개발 제안

〈경인 지역 종합개발 조사기본보고서〉를 계속 읽어봅시다. 경인 운하 양쪽에 인천항과 서울항을 건설하고, 인천항 쪽에는 거대한 저수지를 만들고, 서울과 인천의 중간에 '경인중간도시'를 만들자는 제안이 이어집니다. 이것은 조선총독부가 입안한 〈경인시가지계획〉에서 부천·부평 등지를 개발하려 했던 것과 상통합니다. 또 20년 뒤 총인구 630만 명에 다다를 공업지대를 계획하고 있는데, 이 공업도시에 대한 보고서의 묘사를 읽다 보면, 부평구와 부천시를 합친 듯한 도시의 이미지가 떠오릅니다. 즉, 이 계획은 실현된 것이지요.

또 이 계획에서는 서울 주변에 위성도시를 여러 개 만들자고 제안하고 있는데, 그 가운데 고양시의 전통적인 중심지인 능곡은 한강다목적댐을 세운다는 전제에서 도시를 대규모로 확장할 예정이었습니다. 이 능곡 도시계획은 결국 오늘날 경의중앙선 능곡역, 수도권전철 3호선 화정역, 원당역에 걸쳐 현실화되었습니다. 다만 원래의 계획에서 수십 년이 지난 뒤에 말이지요. 만약 이 능곡 도시계획을 초기에 입수한 정부의 누군가가 능곡 지역의 토지를 비밀리에 매입했다면, 땅에 돈을 묻어둔다는 각오가 아니라면 손해를 보고 되팔았을 것 같네요.

이러한 개발계획은 1967년 8월 9일에 건설부가 작성한 〈대국토건설계획서(안)〉로 확대 계승됩니다. 이해에 제6대 대통령선거가 있었는데, 대국토건설계획은 당시 박정희 대통령의 선거 공약을 반영한 것이었습니다. 이 계획의 핵심에 경인운하와 한강다목적댐이었습니다. "한강댐은 서울-인천 지역 종합개발계획의 주도사업으로 그 효과는 직접·간접으로 계획사업 전반에 파급될 것"으로 기대되었습니다.[6]

---

6   한국건설기술단, 〈서울-인천 특정지역 건설계획 조사보고서(제6차: 한강다목적댐 능곡도시계획)〉, 건설부, 1967년

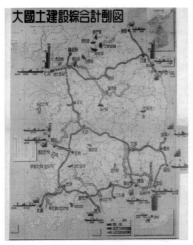

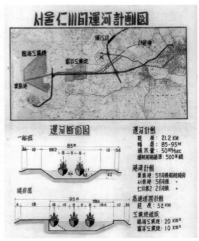

| 사진 4 | 〈대국토건설계획서(안)〉에 실린 〈대국토건설종합계획도〉

| 사진 5 | 〈대국토건설계획서(안)〉에 실린 〈서울-인천간 운하계획도〉

　다만, 이 대국토건설계획에서도 한강다목적댐이 건설되면 서울 한강변의 많은 지역이 침수될 것으로 우려되었습니다. 그래서 계획서에서는 만반의 태세를 갖출 것이 강조되었지만, 그 후 한국 정부의 수리 기술을 보건대 서울의 한강 연안 지역은 상습적으로 침수 피해를 입었을 가능성이 있습니다. 그리고 그에 따라 한강댐 제거 움직임은 필연적으로 일어났을 것입니다.

대국토건설계획
: 신도시 구상

대국토건설계획에 지목된 신도시 예정지

1967년의 대국토건설계획에서는 경인운하·한강다목적댐과 함께 서울의 위성도시 건설·확충도 계획되었습니다. 거창하게 말하자면 한국 최초의 신도시계획입니다. 기존에도 어느 정도 규모를 갖추고 있던 인천·안양·수원·의정부 이외에, 미금(현재의 남양주시), 능곡(현재의 고양시), 양곡(현재의 김포시), 광주(현재의 광주시), 둔전(현재의 성남시) 다섯 곳이 신도시 예정지로 지목되었습니다.

이곳에 위성도시를 건설함으로써 "지역에서 서울로 유입하는 인구를 방지할 뿐 아니라 서울시의 부동인구를 흡수할 것"이 기대되었습니다. 정책적인 지원 여하에 따라서 능곡 및 미금은 목표연도까지

안양이나 의정부와 같은 규모로 발전할 수 있다는 기대감도 계획서
에 드러나 있습니다.

우여곡절을 겪은 능곡의 도시화

신도시 예정지로 지목된 다섯 곳 중에서 중요한 역할을 수행할 것
으로 기대되는 도시는 고양군 능곡이었습니다. 한강다목적댐의 동쪽
에 자리하고 있고, 댐과 수색변전소의 중간에 자리 잡고 있어서 공업
적인 발달이 기대된 것이지요. 그래서 〈서울-인천 특정지역 건설계
획 조사보고서(제6차: 한강다목적댐 능곡도시계획)〉에서는 특히 능곡의 도
시개발계획이 상세하게 제시되어 있습니다.

> "(능곡은) 국토 분단에 따라 경의선 방면이 침체됨에 따라 지역 발달
> 이 크게 지연되어왔으나 한강댐 경인운하 서울-능곡 간 및 순환선 고
> 속도로가 계획됨에 따라 제반 도시 발달 조건을 구비하게 공업도시의
> 성격을 띤 서울 위성도시로서의 개발이 가장 유력시되는 지역"

위의 설명을 읽으면, 누구나 능곡 지역이 장래 발전 가능성이 높
은 도시라는 생각을 하게 될 것입니다. 그리고 "신촌과 수색이 직결
될 시 능곡이 수도의 과잉 인구를 부담할 중요한 위치를 차지하고 있
다"는 대목에서는 신촌에서 망원, 상암, 덕은, 향동, 창릉을 지나 능곡

| 사진 6 | 〈서울-인천 특정지역 건설계획 조사보고서(제6차: 한강다목적댐 능곡도시계획)〉에 실린 〈능곡도
시계획도〉

으로 이어지는 거대한 서북부 메트로폴리스를 상상하게 됩니다.

하지만 아시다시피 한강다목적댐 건설계획이 취소되면서 능곡신
도시 계획도 중단되었습니다. 뒤이어 1978년에 석유파동을 대비해
마포 석유비축기지가 건설되고, 난지도에서는 쓰레기 매립이 시작됩
니다. 서북부 메트로폴리스 계획은 이렇게 사라졌습니다. 능곡 지역
은 고양군·고양시의 중심지라는 지위를 잃지는 않았지만, 1960년대
에 기대한 공업도시로의 발달은 이루지 못했습니다.

능곡에 기대했던 주거단지의 기능은 1989년에 건설을 시작한 일산신도시가 일부 담당하게 되었습니다. 일산신도시는 안보 우려가 일부 해소되면서 건설된 신도시이지요. 그리고 최근에는 능곡보다 더 서울에 가까운 삼송·창릉·향동·덕은지구 등이 주거단지로 주목받고 있습니다. 지난 반세기 동안 능곡이 겪은 우여곡절은 고양시·파주시 및 북한과의 접경지역에 투자하는 분들이 들여다볼 필요가 있습니다.

한편, 1967년의 대국토건설계획에서 신도시로 개발할 예정이던 김포군 양곡은 '김포·강화·영종지구 등 서해안 간척지구의 전진기지'이자 '임해공업'의 거점으로서 기능할 것이 기대되었습니다. 하지만 경인운하 계획에 수반된 서해안의 대규모 저수지 건설계획이 무산되면서 양곡의 도시화 가능성은 사라졌습니다.

그 후 김포군·김포시에서 강화 방향으로 발전한 것은 통진읍 마송리였습니다. 인천과 김포 사이의 서해안을 간척하는 사업은 실시되었지만, 이곳에서는 인천시 서구 청라동이라는 독자적인 거점이 등장했습니다. 산 넘어 북쪽에 있는 김포시 양촌읍 양곡리의 지도를 받을 필요가 없어진 것이지요. 양곡은 그 뒤로도 양촌읍의 중심지로 기능하는 수준에 머물다가, 2기 신도시인 한강신도시와 비슷한 시기에 양곡택지지구로 지정되었습니다.

남양주군과 통합된 미금의 도시화

한편 미금도 양곡처럼 도시화가 늦어졌고, 서울과 미금 사이의 구리가 먼저 서울의 위성도시로서 도시화되었습니다. 구리에 이어 도시화가 진행된 미금 지역은 1989년에 미금시로 독립했지만, 1995년에 다시 남양주군과 통합되었습니다. 그리고 최근 들어 다산진건공공주택지구로 개발되면서 왕숙천을 사이에 두고 구리와 연담화되고 있습니다.

남양주시청이 자리한 금곡동 일대가 길고 좁은 지형 때문에 도시화가 늦어지는 반면, 남양주시청 제2청사가 있는 옛 미금시 지역은 지형적으로 트여 있어서 발전의 소지가 컸습니다. 여기에 서쪽으로 구리시와 서울시 중랑구, 남쪽으로 서울시 강동구·송파구 및 하남시와 인접해 있다 보니, 남양주시 전체에서 가장 빠르게 도시화가 진행

| 사진 7 | 남양주시 퇴계원읍 퇴계원도서관에 내걸린 플래카드. "남양주 9호선 연장사업 확정"이라고 적혀 있습니다. 2021년 2월

되고 있습니다. 수도권전철 8호선의 연장 노선인 별내선이 개통되면 이러한 도시화 추세가 더욱 가팔라지겠지요.

한편, 수도권전철 9호선 연장 노선인 강동·하남·남양주선의 노선은 아직 확정되지 않았지만, 미금의 동쪽인 왕숙2공공주택지구와 금곡동을 지나 북쪽의 진건지구로 넘어갈 것이 예상됩니다. 경춘선과 경의중앙선의 배차 간격이 나쁘다 보니, 남양주 남부 시민들은 열차보다는 버스를 이용해서 구리시, 서울시 중랑구·광진구·송파구로 향하는 생활권을 형성하고 있습니다. 별내선과 강동·하남·남양주선이 개통되면 남양주시의 생활권이 급격히 서울시 강동구 및 하남시로 확대될 가능성이 있습니다.

그린벨트로 묶인 둔전의 도시화

둔전은 앞서 살핀 것처럼 성남시 서북부에 자리하고 있으며, 현재는 서울공항이 들어서 있습니다. 1967년의 대국토건설계획에서는 "앞으로 교통 조건만 개선된다면" 둔전 일대가 "도시로 발전할 가능성이 충분"하다고 예측했습니다. "도시 입지 조건이 양호할 뿐 아니라 서울과 인접한 베드타운으로 지가가 저렴"하기 때문에, 현재의 서울 강남 지역이 개발되고 고속도로가 놓이면 "서울의 저소득층이 싼 택지를 구하여 다수 이주할 것이 예상된다"는 것이지요.

실제로 서울의 저소득층이 성남시로 이주했지만, 그 대상은 둔전이 아니라 둔전 동쪽의 광주대단지였습니다. 대국토건설계획이 발표된 1967년의 2년 뒤 1969년에 광주대단지로 이주를 시작했고, 둔전동 일대에는 1970년에 서울공항이 옮겨졌습니다.

그다음 해인 1971년에 광주대단지 사건이 발생하자, 정부는 1973년에 성남시를 발족시켜서 민심을 달래고, 다른 한편으로는 1976년에 남단녹지를 지정해서 성남시의 인구 증가를 억제합니다. 그린벨트와 달리 남단녹지는 성남시에만 설정되었습니다. 학생이나 노동자가 아닌 일반 시민이 반정부 투쟁에 나서자 놀란 정부가 강온양면 전략을 펼친 것이죠.

1983년 1월 24일자 《매일경제》 기사 〈서울 외곽 지역의 땅값·집값-성남시 주변〉에 실린 오른쪽 그림을 보십시오. 지금의 분당신도시와 판교신도시에 해당하는 지역이 모두 개발제한구역으로 묶여 있지요. 둔전 지역은 일찌감치 그린벨트로 묶였고요. 이렇게 성남시의 개발을 억제하던 정부는 서울로 몰린 인구를 분산시키기 위해서 1기 신도시를 개발한다고 남단녹지의 동쪽을 풀었습니다. 그러자 남단녹지 서쪽의 토지주들이 들고 일어났지요. 그래서 2기 신도시사업에서 판교 지역이 개발됩니다. 그러고도 남은 개발제한구역이 하나씩 풀리면서 대장동·백현동·운중저수지 주변 지역이 개발되었습니다.

이제 성남시에서 개발 여지가 남은 곳은 원래 성남시에서 가장 도시화가 빨리 진행될 것으로 예상되었던 금토동·둔전동·시흥동·고등동 일대입니다. 둔전동과 고등동은 최근 금토공공주택지구 및 판교

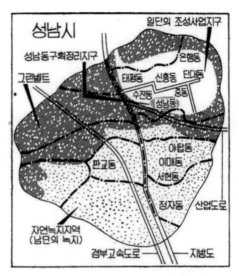

| 사진 8 | 1983년 1월 24일자 《매일경제》 〈서울 외곽 지역의 땅값·집값-성남시 주변〉에 보이는 성남시의 남단녹지

창조경제밸리, 고등공공주택지구 등으로 개발 중입니다. 시흥동 등도 개발 여지가 큽니다. 다만 서울공항이 가진 특수성이 이러한 개발 여지를 억제하고 있는 것입니다. 얼마 전 육군특수전사령부 등이 경기도 동남부의 이천시로 옮겨가면서 성남시 동북쪽 끝에서 위례신도시가 탄생했습니다.

이렇게 성남시 내부의 개발 흐름을 장기적으로 살피면, 성남시 당국이나 서북부 지역의 토지주들이 서울공항을 다른 곳으로 옮기고 싶어 하는 마음도 이해됩니다. 순서대로면 다음은 서북부 차례일 것이라는 기대심리도 작용할 테고요. 하지만 서울공항이 수행하는 군사적 임무의 특성을 고려하면, 이러한 기대심리가 당분간 충족될 가능성은 거의 없습니다.

| 사진 9 | 〈서울-인천 특정지역 대규모사업의 평가보고서〉(1972)에 실린 〈서울-인천 특정지역 종합계획도〉. 1967년의 대국토건설계획이 실현되었다면 수도권 지역은 이런 양상으로 발전했을 것입니다.

경인운하에서
여의도 개발로

성남시로 서울시 인구가 유입된 이유

1967년에 대국토건설계획을 수립한 정부는 1968년에 프랑스 기술진과 함께 이 계획을 객관적인 입장에서 검토했습니다. 이때 검토에 참여한 프랑스 기술진이 위성도시 건설은 하지 말고 경인운하는 규모를 축소하자고 제안하면서 정부의 개발 구상이 크게 바뀌게 됩니다.

우선 정부와 서울시는 둔전리가 아닌 동쪽의 광주군 중부면 일대에 위성도시를 건설하기로 정했습니다. 이 지역은 서울과의 접근성이 좋지 않고 임야가 발달해서 택지개발이 어려운 구릉지대였습니다. 그렇다 보니 성남시의 다른 지역에 비해 땅값이 쌌습니다. 이것이 "도시로서는 적합한 지역이라고 볼 수 없는" 중부면 일대가 철거민 이주지

로 선정된 배경이었다고 성남시사편찬위원회의 『성남시 40년사 6 도
시개발사』(2014)에서는 추정하고 있습니다. 도시로 성장하기에 부적
합했기 때문에 도시로 성장할 인구를 서울시로부터 공급받았다는 모
순적인 상황이 성남시를 탄생시켰던 것입니다.

용두사미로 그친 한강다목적댐 계획

1968년 6월 1일은 한강 개발의 방향이 근본적으로 바뀐 날입니다.
한강유역개발조사단은 경인운하의 경제성이 떨어지기 때문에 경인운
하 건설을 재검토할 것을 공식화했습니다. 운하를 건설할 경제적 타
당성이 없으며, 정부가 추진하는 인구 분산 정책에 역행해서 인구를
수도권으로 집중시킬 우려가 있다는 것이었습니다. 한강다목적댐 역시
수력발전소로 건설하는 것은 전혀 개발 가치가 없으며, 한강다목적댐
건설의 필요성은 용수 공급 면에서만 인정할 수 있다고 결론 내립니다.

같은 날, 여의도에서는 윤중제 준공식이 열렸습니다. 같은 해 2월
25일에 착공한 뒤 3개월이 지난 시점이었습니다. 이날 세워진 준공
비와 박정희 대통령의 휘호를 새긴 비석은 마포대교 남단에서 볼 수
있습니다. 이 여의도 윤중제는 어떤 의미에서는 한강다목적댐 계획
의 부산물이라고 할 수 있습니다. 한강다목적댐을 건설하면 여의도
일대가 침수될 우려가 있기 때문에 제방을 쌓는다는 계획이 있었기
때문입니다.

| 사진 10 | 1969년 6월 1일에 마포대교 남단에 세워진 한강 개발 기념비

　　여의도 윤중제 건설에 이어 이듬해인 1969년 1월 21일에 김현옥 서울특별시장은 여의도개발계획을 발표합니다. 그리고 같은 해 말인 1969년 12월 29일에 정부는 경인운하와 한강다목적댐 건설 계획을 취소하기로 결정했습니다. 건설자금의 재원을 확보하기 어렵고 투자한 것에 비해 경제성이 적다는 이유였습니다.

　　1972년의 건설부 평가보고서에서는 한강다목적댐 대신 "서울 북서쪽 15km 하류에 있는 행주 지점에 하구언을 설치"할 것을 건의합니다. 이 계획은 1988년에 김포시 고촌읍 신곡리와 고양시 덕양구 신평동 사이에 신곡보가 놓이면서 현실화되었습니다. 1962년에 〈경인지역 종합개발 조사기본보고서〉에서 한강다목적댐을 건설하자는 제안이 나온 뒤 26년이 지난 시점이었습니다. 한강다목적댐 구상과 신곡보를 비교하면 용두사미라는 사자성어가 절로 떠오릅니다.

| 사진 11 | 김포시 고촌읍 신곡리와 백마도 사이에 놓인 신곡보 가동보. 2019년 11월

불사조처럼 살아난 경인운하 계획

이렇게 해서 제3공화국 초기인 1962년에 부활한 경인운하 건설 계획은 10년 만인 1972년에 다시 취소되었습니다. 거듭 이야기하지만 행정의 연속성 내지 행정의 관성은 무서운 것입니다. 1977년 5월 3일자 《동아일보》기사 〈부천~난지도 경인운하 건설 대상 지역 고시〉에서는 건설부가 "지난 65년에 발표했다가 재원 관계로 백지화됐던 경인운하 건설계획을 다시 추진하고 있다"는 소식을 전합니다. 이에 따라 예정 노선인 인천 북항-부평-김포공항 남쪽-난지도에 이르는 18.6km 가운데 4월 30일에 인천-부평 지역의 건축행위가 제한된 데 이어, 이날은 부천시 오정동에서 난지도에 이르는 6.3km 지역도 추가로 고시되었다는 것입니다.

또 이듬해인 1978년 11월 2일에 건설부는 남한강 수계 종합개발 계획을 수립하기 위해 담당관들을 미국 테네시 계곡 현장으로 파견합니다. 이들에게는 "장기 계획으로 추진되고 있는 경인운하 건설에 필요한 자료도 수집할" 임무가 주어졌습니다.

만약 박정희 대통령이 1979년 10월 26일에 암살되지 않았다면, 1977년의 경인운하 계획은 본격적으로 추진되었을지도 모르겠습니다. 하지만 박정희 대통령이 사망하고 정국이 혼란에 빠지면서 경인운하 계획은 또다시 공회전합니다. 이듬해인 1980년 5월 27일자 《동아일보》 기사 〈16년 겉돈 경인운하 건설〉에서는 "운하 건설계획권 내 묶여 있는 농지와 임야 등 소유주들이 지주권 행사를 못 하고 있는 데다 이에 대한 보상도 받지 못한 채 큰 손해를 보고 있다"는 소식을 전하고 있습니다. 기사 가운데 서울시 동대문구(현재의 중랑구) 상봉동에 사는 이종성 씨는 인천시 북구(현재의 계양구) 효성동에 임야 370평을 소유하고 있는데, "이 땅이 운하건설계획권 내에 묶여 있어 이를 전매할 수도 없게 됐다고 호소"했다 합니다. 서울시 중랑구에 사는 분이 부평의 임야를 증여받았을 수도 있겠습니다만, 맥락상 토지 보상을 예상한 투자였을 것으로 보입니다.

이 기사에 따르면, 당시 건설부는 경인운하 건설계획이 "오는 95년 말까지 유효하다"면서 지주들의 항의를 묵살했습니다. 건설부의 뜻이 이렇게 확고하다 보니 서울시·부천시·인천시는 운하건설권에 포함된 땅을 도시개발계획에서 제외시켰고, 이에 따라 "땅 소유주들은 재산상 커다란 손해를 입고 있다"며 기사는 끝납니다. 하지만 두 번째 쿠데타로 집권한 전두환 정권은 일반 시민들의 불만에 민감하게 반응한다는 특성을 지니고 있었습니다. 그래서 집권 5년 차인 1985년 2월 16일에 경인운하 계획은 또다시 백지화되었습니다. 건설부의 고집에 대해 토지주·건물주들이 얼마나 큰 불만을 표출했는지를 짐작할 수 있는 대목입니다.

하지만 건설부의 고집도 만만치 않았습니다. 그로부터 4년 뒤인 1989년 6월 26일에 박승 건설부장관은 경인운하를 건설하겠다는 계획을 노태우 대통령에게 보고했습니다. "부천공업단지 안으로 흐르고 있는 굴포천이 공장 폐수로 심하게 오염돼 폐수를 인천 앞바다로 흘려보낼 수 있는 소규모 수로를 만들 계획"을 세웠는데, 한강을 정비하면서 한강의 수심이 깊어졌기 때문에 선박을 띄울 수 있는 상황이니 굴포천과 운하를 결합해도 경제성이 높겠다고 판단했다는 것입니다.

이날 보고에는 3,000억 원을 들여 1991년에 착공하고 1996년에 개통하겠다는 시간표도 제시되었습니다. 당연하게도 이 계획 역시 미루어지다가, 1996년에 개통이 아니라 사업 기본계획이 수립되었습니다. 그리고 이로부터 13년이 지난 2009년에 착공되어 2015년에 아라뱃길 사업이 준공되었습니다. 1921년 2월 25일자 《동아일보》에 〈경성인천 간에 운하 개착 계획〉이라는 기사가 실리고 94년이 흐른 뒤였습니다.

이렇게 해서 경인운하 계획은 아라뱃길로 귀결되었습니다. 하지만 경인운하를 둘러싼 개발의 꿈은 아직도 끝나지 않았습니다. 원래의 경인운하 계획에 포함되어 있던 부평항과 서해안 저수지·간척지 프로젝트가 여전히 어떤 사람들의 꿈을 자극하고 있는 것입니다. 다음 글에서 알아봅시다.

부천항 구상과
가로림만 프로젝트

건설 계획을 둘러싼 동상이몽

우선 부평항 계획을 살펴봅시다. 1972년의 〈서울-인천 특정지역 대규모사업의 평가보고서〉에서는, 앞으로 선박이 아닌 도로와 전철로 서울-인천 간에 화물이 수송될 것이므로 부평항을 건설할 필요가 없다고 지적하고 있습니다. 1968년에 경인고속도로, 1994년에 제2경인고속도로, 2010년에 제3경인고속도로가 건설되었으니, 이 평가보고서의 예측은 타당합니다.

그런데 1기 신도시 건설이 한창이던 1990년 2월 10일, 경인운하 계획을 확대해서 부천의 중동신도시까지 운하로 연결하는 방안을 건설부가 검토 중이라는 보도가 나옵니다. 이후 중동신도시를 언급하

는 기사에서 이 경인운하와의 연결 문제가 심심찮게 나타납니다. 중
동신도시가 "국내 최초의 운하도시가 된다"거나, 중동이 "수도권 5개
신도시 중 운하와 연결되는 유일한 관광도시"가 될 것이라는 식으로
중동신도시를 차별화하는 데 이 경인운하 연장 구상이 활용되었던
것이죠.

| 사진 12 | 1991년 11월 21일자 《경향신문》〈바쁜 삽질… '운하도시' 부푼 꿈 부천 중동〉

　　원래 경인운하와 굴포천을 연결하는 목적은 산업 화물을 운반하
는 것이었습니다. 당시 중동신도시 개발을 담당한 부천공영개발사업
소에서는 "부천운하 건설이 현실화될 경우 아파트형 공장에 입주하
는 1,000여 개 업체가 인천에서 각종 원자재를 배로 직접 운송해 생
산비 절감은 물론 육상에서의 교통 체증을 크게 덜 것으로 기대된다"

는 전망을 제시하기도 했습니다. 하지만 중동신도시와 상동신도시가
자리한 부천시, 그리고 입주자들은 산업용 운하가 아닌 위락용 운하
를 꿈꿨던 것 같습니다. 1993년 12월 25일자 《매일경제》 기사 〈상동
신도시 개발계획안 마련〉은 "부천운하와 연계한 위락단지(유원지)를
조성"할 계획이라는 부천시의 의향을 전하고 있습니다.

부천시가 한국의 베니스가 될 수 있을까?

경인운하와 굴포천, 그리고 부평항 계획을 둘러싼 각 주체 간의
동상이몽은 결국 1996년에 폭발합니다. 1996년 2월 14일자 《조선일
보》 기사 〈"정부는 회피 말고 약속 지켜라" 신도시의 분노 주민대표
에게 듣는다〉에는 조영상 중동입주자대표연합회장의 다음과 같은
발언이 실려 있습니다.

> "택지를 빼곤 아직도 빈 땅이 대부분입니다. 분양 당시 정부가 내건 구호
> 는 '베니스를 능가하는 문화도시'였습니다. 그런데 경인운하 계획선은 엉
> 뚱한 곳으로 비켜났고, 각종 문화시설도 눈을 씻고 찾아도 없어요"

중동신도시를 분양하면서 정부가 "베니스를 능가하는 문화도시"
라고 선전했다는 것입니다. 물론 베니스의 운하에서도 산업물자가
운반되기는 하겠지요. 하지만 아무래도 중동신도시를 조성하고 분양

하는 과정에서 운하를 둘러싸고 주체들 간에 오해가 많았던 것 같습니다.

그래서 1994년에 부천시가 제작한 〈2011 부천 도시기본계획〉을 살펴보니, 부천운하 계획의 필요성이 다음과 같이 두 가지로 제시되어 있었습니다. 첫 번째는 교통 수요와 물동량을 처리하는 것이고, 두 번째는 "수원(강)이 없는 내륙 지역의 숨통을 트게 하고 새로운 관광자원으로도 큰 몫"을 할 것으로 기대한다는 것입니다. 그래서 "위락단지(유원지) 계획과 연계하여 관광단지화"한다는 활용 방안까지 계획을 검토한다고 적혀 있습니다. 주민들의 기억이 틀리지 않았던 것이지요.

부천시는 1997년에 〈2011 부천 도시기본계획 변경안〉을 공개했는데, 여기서는 수도권전철 11호선이 부천까지 이어지는 등의 교통계획을 받아들이는 대신 부천운하 계획은 삭제되었습니다. 하지만 한국의 베니스를 꿈꾸었던 부천시민들의 열망은 그 뒤로도 사라지지 않았습니다. 2021년에는 부천시의원이, 굴포천에 부천항을 건설하고 소형 유람선을 유통시킬 것을 부천시장에게 시정 질문 형식으로 건의했습니다.

| 사진 13 | 굴포천에 부천항을 건설하자고 주장하는 단체의 선전문이 서울과 부천을 오가는 버스의 차창에 붙어 있습니다. 2022년 2월

또 부천굴포항을 건설하겠다는 주장을 전면에 내세운 언론사도 같은 해에 출범했습니다. 경인운하라는 100년 된 국가 프로젝트가 아직도 이렇게 현실에서 힘을 갖고 움직이고 있는 것입니다. 이 부천항 '호재'가 정말로 실현될지, 만약 실현된다면 얼마나 큰 경제적 효과가 있을지 궁금합니다.

경인 종합개발계획

한편 1962년의 경인 종합개발계획에는 지금의 인천시 서구 청라동 일대에 거대한 저수지를 만들고, 주변 지역을 간척해 농경지로 삼는다는 구상이 포함되어 있습니다. 이 계획 가운데 간척지 구상은 규모를 크게 줄여 인천시 서구의 간척지로 실현되었습니다. 그리고 흥미롭게도 이 계획대로 경기만 일대를 대규모로 매립하고, 이를 동북아시아의 허브

| 사진 14 | 1990년 5월 20일자 《매일경제》 〈인천 앞바다 땅 만들기 대역사-여의도 30배 규모 생긴다〉

로 삼자는 주장이 2015년에 등장했습니다. 53년 만의 부활입니다.

주명건 세종대 명예이사장은 2015년에 〈광개토 프로젝트: 세계최대의 도시국가 건설을 위한 국가개조전략〉이라는 논문을 발표했습니다. 그리고 같은 내용을 〈21세기 한국을 위한 생존전략‘광개토 프로젝트’: 경기만 간척으로 동북아 허브를 만든다〉라는 제목으로 언론에 공개했습니다. 그는 이 프로젝트의 핵심을 이렇게 요약합니다.

> "경기만을 매립하고 그 수입으로 연금 기금을 조성하는 것이다. 거점 공항과 항만을 건설하고 홍콩, 싱가포르 수준으로 소득세와 법인세를 인하한다. 해외투자를 대대적으로 유치함으로써 경기만을 동북아의 중심지로 만든다면, 중국에 대한 의존도를 낮추고 북한의 위협을 극복할 수 있을 것이다."

경기만 매립대상지를 연평도에서부터 태안반도까지로 간주하는 부분에서 저는 이 프로젝트의 현실성이 떨어진다고 느낍니다. 하지만 다른 한편으로, 1962년의 경인 종합개발계획이 아직도 사람들의 상상력을 자극하고 있다는 생생한 증거로서 이 프로젝트는 가치를 인정할 수 있습니다.

그런데 이 광개토 프로젝트 구상에 영향을 미친 제3공화국 시절의 국가 프로젝트는 경인 종합개발계획만이 아닌 것 같습니다. 경기만을 매립해서 동북아시아의 허브로 삼자는 주장은 경인 종합개발계획에서는 찾아보기 어려운 내용이거든요. 이러한 주장은 박정희 정권의 테크노크라트였던 오원철이 1978년에 구상해서 박정희 대통령에게 보고한 가로림만 프로젝트와 상통하는 것으로 보입니다.

가로림만 프로젝트의 소규모 부활

오원철은 『박정희는 어떻게 경제 강국 만들었나』(동서문화사, 2006)에서 가로림만 프로젝트에 대해 자세히 설명하고 있습니다. 그의 설명에 따르면, 충청남도 서산시와 태안군 사이에 자리한 가로림만은 천혜의 항구로서 싱가포르나 상하이보다도 입지 조건이 좋습니다. 이 가로림만을 중심으로 300~400만 명 정도가 거주하는 중부종합산업기지를 만들 수 있다는 것입니다. 이 중부종합산업기지는 박정희

| 사진 15 | 오원철, 『박정희는 어떻게 경제 강국 만들었나』에 실린 가로림만 프로젝트 종합기본구상도

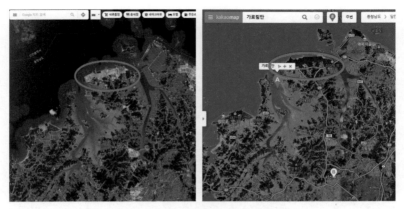

| 사진 16 | 가로림만과 주변 지역의 구글맵(왼쪽)과 카카오맵(오른쪽) 위성모드

정권 말기에 추진되던 행정수도 이전과 한 쌍을 이루고 있으니, 마치 서울과 인천 같은 관계라 하겠습니다.

이 가로림만 프로젝트는 박정희 대통령이 사망하면서 중단되었지만, 서산시 북쪽의 대산읍에 1988년부터 대산공단이 조성되면서 소규모로 부활했습니다. 대산공단은 울산·여수에 이은 한국의 세 번째 석유화학단지입니다. 실제로 가 보니 그 규모가 작지 않다고 느껴졌습니다. 가로림만 프로젝트의 극히 일부만 이루어진 것이 이 정도인데, 만약 정말 실현되었다면 그 규모가 어마어마했겠다는 생각이 절로 들었습니다. 울산, 포항, 여천 등의 공업단지가 원래 구상을 실현한 데 반해서, 가로림만 프로젝트는 대산공단이라는 형태로 일부만 실현되었습니다. 그렇다 보니 '이 계획을 전부 실현하면 좋겠다. 실현할 수 있을 것 같다'라는 안타까움을 느낍니다.

| 사진 17 | 염전 부지를 활용해서 조성한 충청남도 서산시 대산읍의 대산공단. 사진 아래쪽이 폐염전, 위쪽이 공단의 경관입니다. 류기윤 촬영, 2022년 1월.

그래서인지 2010년에 박근혜 한나라당 전 대표, 2017년에 안철수 대통령 후보 등이 충청남도 지역에 대한 공약으로 활용한 바 있습니다. 가로림만 프로젝트는 앞으로도 충청남도의 정치·행정을 이야기할 때마다 주기적으로 부활할 것으로 보입니다. 군이 가로림만 프로젝트라는 이름을 내걸고 있지 않더라도, 당진·서산·태안·아산 등지에서 개발계획이 구상될 때마다 한편에서 가로림만 프로젝트의 흔적을 쉽게 찾아낼 수 있을 것입니다.

가로림만 프로젝트가 실현될 가능성이 있느냐 없느냐의 판단은 당연히 투자자 각자에게 달려 있습니다. 하지만 가로림만 해양정원 조성사업이 정부 예비타당성조사 대상이 된 지금, 가로림만을 공업도시로 개발하자는 주장은 힘을 잃게 되리라는 예상을 개인적으로는 하고 있습니다. 앞으로 주변에서 가로림만과 충청남도 북부 해안 지역의 개발에 대한 '호재'를 접하게 되면, 지금까지 다룬 내용을 신중하게 검토한 뒤에 투자를 결정하면 좋겠습니다.

| 사진 18 | 가로림만 해양정원 안내도. 가로림만 해양정원 사무국 제작

행정수도 이전과
세종·공주·청주의 미래

장군면사무소 주변에 부동산이 들어서는 이유

가로림만 프로젝트는 행정수도가 지금의 세종시 자리로 옮긴다는 전제로 구상되었습니다. 다만 박정희 대통령이 구상했던 행정수도의 규모는 지금의 세종시와 비교하면 3~4배 정도 더 컸습니다. 1978년에 중화학기획단이 작성한 보고서 〈행정수도 건설을 위한 백지계획 단계별 건설계획〉의 〈종합계획도〉를 보면, 중심지구의 양옆으로 동시東市와 서시西市가 배치되어 있습니다. 중앙청이 들어설 예정이던 중심지구는 지금의 세종시 장군면 북부, 동시는 세종시, 서시는 공주시에 해당합니다. 동시는 지금의 세종시로 실현되었다고 할 수 있지만, 서시에 해당하는 공주시는 계획한 규모에 크게 못 미칩니다. 중

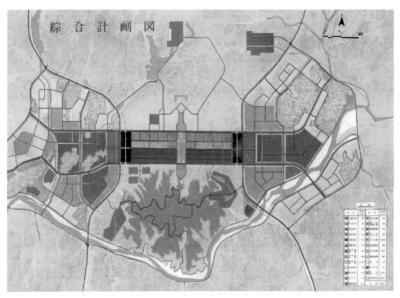

| 사진 19 | 중화학기획단, 〈행정수도 건설을 위한 백지계획 단계별 건설계획〉(1979)에 실린 〈종합계획도〉

심지구가 들어설 예정이던 장군면은 한적한 농촌으로 남겨졌습니다.

2021년 9월에 국회의사당 세종 분원을 설치하는 법안이 통과한 이후, 세종시의 서부 지역인 장군면에서는 부동산 거래가 활발해지고 있습니다. 신임 대통령이 집무실을 청와대에서 용산으로 옮길 바에는 장군면으로 옮기자는 주장도 제기되고 있습니다. 이런 논의를 틈타, 결코 넓지 않은 장군면사무소 소재지 주변으로 부동산 사무소가 빼곡히 들어서고 있습니다. 행정수도 백지계획의 규모가 축소된 것이 세종시인 만큼 프로젝트가 실현되지 않은 구역을 대상으로 한 부동산 기대심리가 크다는 것이지요.

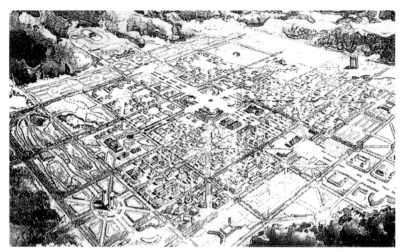

| 사진 20 | 〈행정수도 건설을 위한 백지계획 중심지구 공간계획〉(1978)에 실린 행정수도 중심지구 조감도. 행정수도 백지계획이 실행되었다면 장군면 일대는 이렇게 바뀌었을 것입니다. 어떤 사람들은 여전히 이런 경관이 장군면에서 펼쳐질 수 있다고 믿고 있는 것으로 보입니다.

조치원이 청주와 연담화될 가능성

가로림만 프로젝트와는 달리, 행정수도 백지계획에서 논의된 지역은 결국 도시화될 가능성이 크다고 보고 있습니다. 우선, 가로림만 프로젝트에 비하면 행정수도 백지계획의 규모는 상대적으로 현실적입니다. 국회의사당을 비롯한 국가의 각종 시설들도 점점 더 세종으로 이전하는 추세입니다. 또한 조치원읍 대신 공주시의 도심이 세종시내동市內洞 지역의 실질적인 구도심 역할을 하고 있어서, 행정수도 백지계획상의 도시 구조가 현실화된 측면도 있습니다.

열 곳의 행정수도 이전 후보지 가운데 세 곳을 고른 이유가 정리

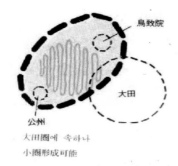

鳥致院

大田

公州

大田圈에 속하나
小圈形成可能

| 사진 21 | 〈행정수도 건설을 위한 백지계획 선정
2차 조사〉(1978)에 실린 장기면의 세력권

된 〈행정수도 건설을 위한 백지계획 선정 2차 조사〉(1978)에서도 이미 공주군 장기면, 즉 지금의 세종시 장군면 지역이 왼쪽과 오른쪽으로 공주와 조치원을 영향권에 포섭하리라는 예측을 하고 있습니다.

거듭 강조하지만, 신도시는 구도심을 필요로 합니다. 세종시 행정 당국으로서는 같은 세종시 안의 구도심인 조치원읍을 시내동 지역과 긴밀하게 연결하고 싶어 합니다. 하지만 세종시 시내동, 조치원읍, 공주시를 답사하고 각 지역 분들과 인터뷰한 느낌은 이러한 기대와 다릅니다.

조치원읍은 옛 연기군의 군청 소재지이자, 한때 충남도청 후보지로 거론되었을 만큼 도시화가 빠르게 진행된 곳입니다. 따라서 뒤늦게 탄생한 세종시 시내동 지역이 이 지역의 중심지 역할을 수행하려는데 대해 대항 의식을 드러내고 조치원읍의 독자성을 강조하려는 움직임을 보이고 있습니다. 경부선 조치원역의 이름을 세종역으로 바꾸려다가 조치원읍 주민들의 반대로 취소된 일도 있을 정도입니다.

사정이 이렇다 보니, 서울과 비교하자면 세종시 시내동이 강남, 공주시 도심이 강북처럼 기능하고 있고, 조치원읍은 영등포처럼 독자적으로 존재하고 있습니다. 세종특별자치시청에서 공주시청과 북세종통합행정복지센터(조치원읍사무소)까지의 직선거리는 16km와

14km로 조치원이 조금 더 가깝습니다. 하지만 위성사진을 보면 세종시 시내동에서 공주까지는 장군면을 통해 지형적으로 연결되어 있지만, 조치원까지는 여러 개의 산과 하천이 자리하고 있습니다. 즉, 세종시 시내동과 공주시 시가지의 연담화가 훨씬 쉬워 보입니다. 조치원읍은 빠르게 성장 중인 청주시 흥덕구 오송읍과 조천을 끼고 인접해 있어, 세종시 시내동보다는 오송과 연담화할 가능성이 커 보입니다. 조치원이 청주와 연담화할 것이라는 예측은 1979년 〈행정수도 건설을 위한 백지계획 행정수도 광역권 개발계획〉에서 이미 제시한 바 있는데, 이 예측은 현실화될 가능성이 커 보입니다.

| 사진 22 | 〈행정수도 건설을 위한 백지계획 행정수도 광역권 개발계획〉(1979) 수록 〈광역권의 도시분포〉

대전과 세종이 연담화될 가능성

한편, 백지계획을 보면 동시에서 금강 건너 남쪽 지역에도 시가지를 조성할 것이 계획되어 있습니다. 계획대로 이 지역에는 시가지가 형성되었으며, 계획되었던 시가지의 남쪽 끝에 인접한 금남면 용포리 지역도 시가지화가 시작되었습니다. 여기서 대전지하철 최북단 역인 반석역까지는 8km 정도 떨어져 있습니다. 이것은 세종시 시내 동에서 조치원읍까지의 거리와 비슷하고, 서시로 예정되었던 공주시 신관동 일대보다도 가깝습니다.

세종시로서는 다른 행정구역인 대전시 유성구보다 같은 세종시의 조치원읍과 연담화되기를 바라겠지만, 행정수도 백지계획의 원래

| 사진 23 | 최근 빠르게 도시화가 진행 중인 세종시 금남면 용포리. 행정수도 백지계획의 범위에 포함되지 않았던 지역이다 보니 도시화의 양상은 난개발에 가깝습니다. 2021년 7월

취지를 생각하더라도 결국 세종과 대전은 연담화될 것이 예상됩니다. 서울시 마포구·도봉구와 고양시 덕양구, 서울시 송파구와 성남시 수정구의 사례를 보면 알 수 있듯이, 현재는 아무리 개발제한구역이 설정되어 있어도 결국 이 지역의 연담화는 이루어질 것입니다. 설사 연담화가 이루어지지 않아도, 이 지역은 두 도시의 경계에 놓인 교통의 요지이므로 앞으로 상업화가 진행될 것으로 예상할 수 있습니다.

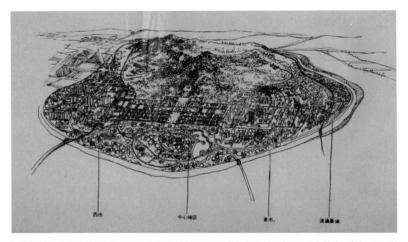

| 사진 24 | 전엔지니어링, 〈2000년대 서울도시계획(기본계획) 최종보고서〉(1977)에 실린 〈행정수도 조감도〉. 이 조감도와는 다르지만, 중기적으로 세종시 시내동과 공주시 시가지는 연담화될 것으로 예상됩니다.

　현지 분들과 함께 세종·공주·청주를 답사하면서 제가 느낀 것은 세 도시의 도시기본계획은 어디까지나 각 도시 내부의 결속력을 다지는 데 주력하고 있고, 주변 도시들과의 관계에는 상대적으로 관심이 덜하다는 것입니다. 자기 도시의 시민들이 다른 지역의 생활권에

편입되는 것을 바라는 공무원·국회의원은 없지요. 하지만 시민들은 공무원·국회의원들의 뜻대로 살지 않습니다. 도시기본계획을 따라 투자할지, 아니면 현지를 답사·임장한 결과를 믿을지는 투자하는 분들이 판단하면 됩니다. '호재'를 내세우며 다가오는 기획부동산들을 잘 피하고 주변 시세도 알아보면서 살고 싶은, 그리고 사고 싶은 집과 땅을 합리적인 가격으로 구입하면 좋겠습니다.

청와대 행정수도 백지계획과
부동산의 미래

수도를 남쪽으로 이전해야 한다?

남쪽으로 수도를 옮기자는 구상이 처음 제기된 것은 1964년이었습니다. 정부와 서울시가 이 문제에 관심을 가진 이유는 서울시로 인구가 너무 집중되고 있어서 서울의 도시계획이 불가능하다는 현실, 그리고 이 많은 인구를 서울시에 둔 채로 북한과 전쟁을 치를 수 없다는 위기감이었습니다.

발단은 당시의 서울시장인 윤치영이 1964년 2월 6일, 국회 내무위원회에서 국회의원들의 질의에 답변한 것이 논란을 일으키면서부터였습니다. 서울시로 이사 오는 것을 허가제로 바꾸어서 서울의 인구 증가를 막아야 한다고 말한 겁니다. 서울시의 도시계획이 총체적으로 문제라고 국회의원들이 몰아붙이자, '열받은' 윤 시장이 던진 폭탄 발언이었습니다. 중화인민공화국의 베이징시 같은 곳에 살기 위해서는 호구戶口를 취득해야 하지요. 윤 시장은 베이징처럼 선택받은 자만이 살 수 있는 도시를 만들고 싶었나 봅니다.

윤 시장은 평소에도 "도시계획을 잘해서 서울이 살기 좋아지면 지방에서 사람들이 더 많이 오니까, 도시계획을 안 해서 사람들이 오지 못하게 해야 한다"는 지론을 가지고 있었다고 합니다. 이런 지론을 가지고 있는 사람이었으니, 국회 내무위원회에서의 답변 내용은 즉흥적인 게 아니라 평소의 생각이 담긴 것이라고 이해해야 합니다. 둘 다 손정목이 쓴『서울 도시계획 이야기 4』(한울, 2019)에 실려 있는 이야기입니다.

국가 안보 위협에 따른 박정희의 계획

그런데 이 이야기를 들은 박정희 대통령은 윤 시장과는 다른 차원에서 고민에 빠졌습니다. '350만 서울 인구를 데리고 전쟁을 치를 수 있을 것인가' 하는 문제가 그의 뇌리를 스친 것입니다. 1950년에 6·25 전쟁이 발발했을 당시 서울 인구는 170만 명 정도였습니다. 1964년의 서울시 인구와 비교하면 절반 규모입니다. 이 절반 규모의 인구를 모두 한강 남쪽으로 피신시키지 못한 바람에, 한강을 넘은 도강파와 못 넘은 잔류파가 그 후로도 심각한 갈등을 겪었습니다. 박완서의 소설 『그 많던 싱아는 누가 다 먹었을까』(웅진지식하우스, 2021)와 『그 산이 정말 거기 있었을까』(웅진지식하우스, 2021)를 보면 도강파와 잔류파의 갈등이 어떤 것이었는지 확인할 수 있습니다.

"서울은 만원이다"라는 말에서 심각한 위기의식을 느낀 박정희 대통령은 건설부에 대안을 마련하라고 지시합니다. 1964년 9월 22일에 건설부가 제출한 〈대도시 인구집중방지책〉의 20개 항목 내용이 손정목의 책에 실려 있습니다. 이 20개 항목 가운데 "대도시와 관계가 적은 관공서는 정책적으로 지방에 이전한다(군 관계, 농업 관계 등)"라는 내용은, 후대 정부들이 3군본부를 계룡시로 이전하고 공공기관을 전국 곳곳으로 이전함으로써 실현되었습니다. 그러나 이 항목들 가운데 수도를 옮긴다는 내용은 아직 보이지 않습니다.

그 후 남북관계는 우여곡절을 겪으면서도 일부 진전을 이루어서 1972년 7월 4일에 남북공동성명이 발표되었습니다. 하지만 그 뒤로도 북한 측의 도발은 중단되지 않았고, 남북 간의 긴장은 완화되기는커녕 높아졌습니다. 이러한 위기 상황 속에서 박정희 대통령은 같은 해 10월 17일 19시에 계엄령을 선포했습니다. 이른바 10월 유신입니다. 북한의 김일성도 같은 해에 주체사상을 헌법에 포함시키고 주석에 취임하는 등 남북의 두 지도자가 똑같은 방식으로 권력을 강화했습니다. 이와 동시에 박정희 대통령은 중화학공업을 육성하겠다는 중화학공업화 선언을 1973년 1월 12일에 발표합니다.

당시 국제적으로는 베트남 전쟁이 한창이었는데, 이 전쟁에서 미국·한국 등이 지원하던 남베트남은 점차 수세에 몰리고 있었습니다. 그러자 미국은 주한미군을 한국에서 빼내 베트남 등으로 재배치하려는 움직임을 보이게 됩니다. 또 베트남 전쟁의 제2전선을 한반도에서 만들려 한 북한 측의 의도에 따라 한반도에서도 전쟁의 위험이 높아졌습니다.

특히 박정희 대통령을 불안하게 한 것은 북한 측의 군사 기술이 고도화된다는 사실이었습니다. 원래 주한미군은 인천항을 통해 유류oil를 보급받아 전국에 보냈습니다. 그래서 인천에는 한국 최대 규모의 미군기지인 애스컴 시티가 조성되었습니다. 하지만 북한 측의 잠수함 기술이 고도화되면서 인천항의 안전을 보장할 수 없는 상황이 되었습니다. 미군은 유류를 들여오는 항구를 인천에서 포항으로 교체하고, 1969~1971년 사이에 포항에서부터 의정부까지 한국종단송유관Trans Korea Pipeline을 깔았습니다. 그리하여 1973년에 애스컴 시티는 대부분 운영을 중단하게 되었고, 빵 공장이 자리한 캠프 마켓만 인천 부평에 남아서 반환 절차가 진행되고 있습니다. 이 캠프 마켓 부지를 어떻게 활용할 것인지를 둘러싸고 최근 인천에서는 많은 논의가 진행되고 있습니다. 논의의 결과에 따라서 부평이 신도시 같은 주거단지로 바뀔 가능성도 있으므로, 여러분도 관심을 가지면 좋겠습니다.

박정희 대통령은 국방무기 자주화를 위해 1974년 6월, 경상남도 창원에 공업도시를 건설하기로 했습니다. 그리고 두 달 뒤인 8월 15일, 그의 부인인 육영수가 문세광에게 암살되었습니다.

창원에서 추진된 중공업 정책

군사적인 관점에서 효율적인 방어가 가능하도록 설계된 계획도시 창원에는 여러 종의 방위산업체가 들어섰습니다. 1970년대에 미군이 철수하려는 움직임을 보이자, 박정희 대통령은 경제적 효율성보다 자주국방태세 수립이 더 중요하다고 판단했습니다. 그래서 중화학공업을 육성해서 그 성과를 방위산업으로 이어가겠다는 목표를 세웠습니다. 그 입지로 선택된 곳이 창원이었습니다.

오원철 전 경제수석은 미국의 한 고위관리가 이런 말을 했다고 증언합니다. "미국은 일본과 같은 공업국에서는 철군하지 않는다. 그러나 월남이나 한국과 같은 농업국은 버릴 수 있다." 이 말을 들은 한국정부 인사들은 "일본과 똑같이 미·소 간 힘의 균형에 영향을 줄 만한 공장을 건설하겠다"고 결심했다고 합니다. 이러한 결심에 따라 창원에 중공업단지가 만들어졌고, 이 시설을 미국의 숱한 인사가 시찰하고 나서 결국 주한미군 철수계획이 중단되었다는 것입니다.[7]

박정희 정권의 중공업 정책에 대해서는 정치적 입장에 따라 서로 다른 판단이 내려지고는 합니다. 〈기아와 기적의 기원: 한국경제사, 1700~2010〉이라는 유명한 경제사 연구서를 쓴 차명수는, 고도성장기의 산업 정책이 "순수히 경제 정책으로서가 아니라 안보 정책으로서도 집행된 것이라는 점"에 주목해야 한다고 주장합니다. 그러므로,

---

7   오원철, 『박정희는 어떻게 경제 강국 만들었나』 동서문화사, 2006년

"만일 중화학공업화 정책이 한국의 공산화 위협을 감소시켰다면 이 것이 중화학공업화 정책의 공과를 평가할 때 반영되어야 한다"고 말 이지요.

박정희 정권이 창원에서 추진한 중화학공업 가운데에는 핵기술도 포함되어 있었습니다. 창원에 입주한 수많은 중공업 회사 가운데 원자력발전소 기술을 개발하던 현대양행이라는 회사가 있었습니다. 이 렇게 창원이 한국 방위산업의 메카가 되자, 1978년경부터는 미국의 고위급 인사들이 숱하게 이곳을 찾기 시작했습니다. 한국을 군사 동 맹의 파트너로 인정하는 한편으로, 특히 핵무기 개발을 견제할 목적 이었을 것입니다.

이처럼 창원은 행정수도 백지계획이 입안되기 전에 박정희 대통 령이 구상하던 이상적인 도시를 온전하게 구현한 계획도시입니다. 그래서 창원의 도시계획과 그 뒤의 변천을 살피면 행정수도를 이해 하는 데 도움이 됩니다. 박정희 대통령이 행정수도를 어떤 식으로 만 들고자 했고, 만약 완성되었다면 그 후 어떤 발전 과정을 겪었을지를 창원이라는 실험실을 통해 알 수 있는 것이지요.

전쟁을 대비한 인구 재배치 계획

이듬해인 1975년 4월 30일, 미국·한국이 지원하던 남베트남의 수 도 사이공이 함락되었습니다. 베트남 전선이 사라지면서, 한국 내부

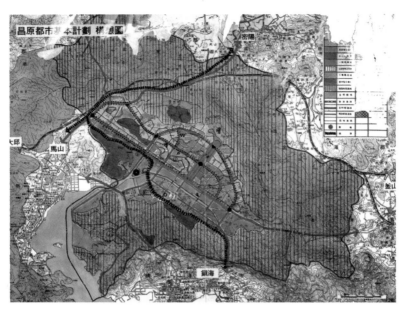

| 사진 25 | 〈창원 도시기본계획(안)〉(1983)에 실린 〈창원 도시기본계획 구상도〉

| 사진 26 | 창원시의 경상남도 도청. 창원은 행정수도 백지계획이 소규모로 실현된 곳이라 할 수 있습니다. 이곳을 방문한 2019년 2월, 도청 건물에는 남부내륙고속철도가 정부재정사업으로 확정되었음을 축하하는 대형 플래카드가 걸려 있었습니다. 2021년 12월 31일자로 경기도 이천-충청북도 충주 간에 영업을 개시한 중부내륙선과 마찬가지로, 이 남부내륙철도도 많은 분이 예상하는 만큼 부동산의 호재가 아닐 수 있습니다.

는 물론 국제적으로도 다음 전쟁은 한반도에서 발생할 것이라는 예측이 널리 이루어졌습니다. "인도차이나 적화 이후 세계의 이목이 한반도로 집중"되고 있다는 일본의《선데이 마이니치》7월 20일자 기사가《동아일보》에 번역 소개되기도 했습니다.

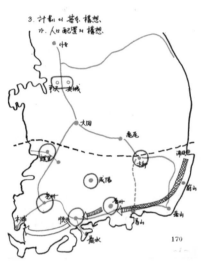

| 사진 27 | 〈수도권인구 재배치계획(기본구상)〉(1976)에 실린 〈인구 배치의 구상〉

위기감을 느낀 박정희 정권은 같은 해 5월 14일에 '긴급조치9호'를 발표합니다. 그 내용 가운데에는 "재산을 도피시킬 목적으로 대한민국 또는 대한민국 국민의 재산을 국외에 이동하거나 국내에 반입될 재산을 국외에 은닉 또는 처분하는 행위를 금한다"는 구절이 있습니다. 다가올 북한과의 전쟁을 앞두고 총력전 체제를 구축하겠다는 의지가 읽힙니다. 이런 흐름을 타고 이듬해인 1976년에 제작된 것이 〈수도권인구 재배치계획〉입니다.

제1무임소장관실에서 1976년에 작성한 〈수도권인구 재배치계획(기본구상)〉에는 수도권에 인구가 집중되면 생기는 문제점이 여러 가지 거론되어 있습니다. 그 가운데 "안보상 취약성 증대"라는 항목이 눈에 띕니다. "안보상 취약성 증대"라는 말은 구체적으로 두 가지를 가리킨다고 합니다. 한 가지는 전쟁이 발발했을 때 민간의 피해가 커진다는 것이고, 또 한 가지는 군사 작전을 수행할 때 민간인이 너무 많으면 부담이 크다는 것입니다. 그래서 〈수도권인구 재배치계획(기본구상)〉에서는 인구를 재배치할 마지노선을 전라북도 이리(현재의 익산)에서 대구를 거쳐 경상북도 포항에 걸쳐 설정하고 있습니다. 그리고 재배치의 거점도시가 될 지역으로 평택·안성·이리·고창·대구·광주·순천·진주 등을 들고 있습니다.

박정희 대통령은 인구를 재배치하기 위해서는 시민들이 생계를 꾸릴 수 있는 산업이 필요하다고 생각했습니다. 공장을 주지 않고 사람만 보냈다가 "우리가 지금까지는 밖으로 밀어내는 것만 해왔는데 밀어내면 그 사람들에게 살 곳을 만들어줘야 할 것 아니냐"[8]는 반발을 산 것이 1971년의 성남 광주대단지 사건이었지요. 그래서 경제부처 중심의 과천, 공장 중심의 안산·창원·여천 등의 신도시가 잇달아 건설됩니다.

안보를 위해 행정수도 이전을 결심하다

하지만 아무리 신도시를 만들어도 사람들은 계속해서 서울로 몰려왔습니다. 이래서는 유사시에 정말 큰일나겠다 싶었겠지요. 결국

---

8   대한국토 도시계획학회, 앞의 책, 286쪽

최종 결정으로 행정수도를 옮기는 프로젝트가 시작됩니다.

한국 정부는 어디까지나 남북통일을 명분으로 삼고 있었습니다. 그래서 행정수도 백지계획을 추진한 중화학기획단에서는, 통일되기까지 시간이 오래 걸릴 것으로 보이기 때문에 그때까지 임시로 행정수도를 이전해서 국토의 균형 발전을 꾀한다는 명분을 내세웠습니다. 이와 동시에, 수도를 서울에서 행정수도로 완전히 옮기는 것이 아니라 서울은 여전히 한국의 중심으로 기능하게 함으로써, 한국이 북한을 무서워해서 수도를 남쪽으로 옮겼다는 국민의 불안감이 일어나지 않도록 해야 한다는 제안도 덧붙이고 있습니다. 이런 관점에서 보자면 현재의 세종시와 서울시의 관계는 애초의 구상에서 크게 빗나가지 않습니다.

박정희 대통령은 행정수도를 옮기기로 결심한 이유를 직접 국민들에게 밝혔습니다. 행정수도 백지계획을 수행한 중화학기획단이 작성한 수많은 문건, 그 뒤로 40년간 이어져 온 정치권의 지리한 논쟁들을 살피기에 앞서, 우선 박정희 대통령이 직접 설명한 수도 이전의 이유를 꼼꼼히 읽어야 합니다. 세종시의 미래, 세종시를 포함한 중부권의 미래, 대서울과 중부권의 관계, 한국의 미래를 결정지은 중요한 문서입니다.

"이 문제는 6·25 동란 직후에 실행했어야 할 문제이나 그때 못 했으니 지금이라도 착수해야 한다.

통일의 전망이 있다면 그때까지 참겠으나 아직도 통일의 전망은 불투명한 상태다. 수도 서울이 휴전선에서 너무 가깝고 적지상 포화의 사정거리 안에 700만이 살고 있다는 것은 여러 가지로 문제라 하겠다.

현재 서울 인구가 700만이 넘어서고 아무리 억제해도 자연 증가가 있고 또 외부에서 유입되는 인구가 있기 때문에 인구 억제는 과감히 해야 한다. 그런 점에서 장기적 안목으로 통일이 될 때까지 서독의 본과 같이 임시행정수도를 만드는 것이 이상적이라고 생각한다. 지금은 구상하고 있을 뿐 이 구상이 좀 더 구체화되고 예산이 확보되면 이 구상을 발전시켜 추진하려는 것이다. 지금은 국민들이 자주국방과 국군의 전력 증강을 위해 방위세를 신설, 많은 세부담을 하고 있기 때문에 재정이 돌아가지 않아 구상만 하고 있는 것이다.

행정수도를 건설한다고 발표하면 혹 어떤 사람은 그곳이 어디냐고 땅을 사려는 사람들이 설칠지 모르나 계획이 구체화되기까지는 알릴 리도 없고 또 설사 안다 해도 땅장사 하는 사람들이 좋도록 그냥 두지 않을 것이며 제도를 마련해서 할 것이다.

과거에도 임시수도를 옮기는 문제가 논의된 일이 있으나 수도를 옮기면 후퇴가 아니냐 하고 정치적 심리적 영향 때문에 본격적으로 거론치 못했다. 그러나 이제는 자주국방태세가 착착 이뤄지고 북괴와 대결해도 자신이 있고 모든 면에서 힘의 우위를 과시하게 되었으므로 수도권의 인구 억제를 위한 효율적인 방안으로 서울을 그대로 두고 임시수도를 건설하는 이 문제를 본격적으로 다룰 시기가 되었다고 본다. 그런 점에서 서울은 그대로 두고 인구 소산과 서울에로의 인구 억제 등을 위해 통일 시까지 임시수도를 옮기려는 것이다.

그쪽으로 옮겨가도 전쟁이 일어나더라도 서울 고수 개념은 불변이므로 유사시에는 대통령을 비롯, 정부 주요 기관이 즉각 서울로 와 사태에 임할 것이다. 이런 점 등을 분명히 하면 심리적인 동요도 없으리라고 본다."

〈박 대통령의 임시수도건설 지시 전문〉, 《동아일보》, 1977년 2월 11일자

「임시 行政首都」의 波長

| 사진 28 | 1977년 2월 13일자 《조선일보》 〈임시 행정수도의 파장〉. 수도를 옮기겠다는 박정희 대통령의 담화문을 접한 시민이 놀라서 입이 쩍 벌어진 모습을 표현한 것이 재미있습니다.

　　박정희 대통령의 담화문을 읽으면, 행정수도가 전적으로 안보의 관점에서 논의되고 있다는 사실을 알 수 있습니다. 세종특별자치시에서 공개한 '행정수도 완성'이라는 홈페이지에는 '왜 행정수도인가?'라는 코너가 있는데, 이 코너에서는 "국가 균형 발전을 실현"하고 "효율적인 국정 운영을 가능"하게 하는 것이 행정수도 사업의 완성이라고 설명하고 있습니다. 이처럼 박정희 대통령의 사후에 행정수도를 논하는 사람들은 행정수도의 경제적 가치와 지역 균형 발전만을 언급해왔습니다.

　　하지만 행정수도를 건설하려 한 원래 목적은 안보安保입니다. 안보가 소중하고 그 어떤 가치보다 우선한다고 말하는 게 아닙니다. 한국의 국가 프로젝트는 우선 안보의 관점을 전제하고 착수되어왔다는 사실을 강조하는 것입니다. 안보 문제와 경제적 이익이 충돌할 경우,

정부가 어느 쪽을 선택할지는 분명합니다. 여러분이 살고 싶고 사고 싶은 집과 땅을 둘러싸고 안보 문제와 경제적 이익이 충돌할 경우가 있을 것입니다. 그럴 때 이런 관점으로 그곳을 살피면 사태의 본질이 투명하게 드러날 것입니다. 그렇게 사태의 본질을 파악하면 여러분의 재산과 안전을 지킬 수 있을 것입니다.

두 차례에 걸친
행정수도 입지 선정

행정수도 선정 기준

행정수도를 옮길 지역은 두 차례에 걸쳐서 조사되었습니다. 도시설계학자 김의원이 증언한 바에 따르면, 박정희 대통령이 '임시행정수도 선정 기준'이라는 친필 메모를 그에게 보여주었고 그 메모에는 열 가지 기준이 적혀 있었는데, 그 가운데 첫 번째 조건이 "휴전선에 평양과 동거리이거나 조금 더 먼 데"[9]였다고 합니다.

행정수도는 휴전선에서 70km 이상, 해안선에서 40km 이상 떨어져 있어야 했습니다. 북한의 지상포 사정권인 70km에서 벗어나 있어

---

9   대한국토 도시계획학회, 앞의 책

| 사진 29 | 〈행정수도 건설을 위한 백지계획 선정 1차 조사〉에 실린 〈범역도(範域圖)〉

야 하고, 해상포 사정권인 40km에서 벗어나야 한다는 것입니다. 행정
수도의 입지를 논하는 사람들은 흔히 휴전선에서의 거리만 언급하지
만, 1978년에 작성된 〈행정수도 건설을 위한 백지계획 선정 1차 조사〉
에서는 해안선으로부터도 일정 거리 떨어져 있을 것이 명시되어 있습

니다. 1970년대 들어 북한의 해상 전력이 강화되었기 때문에, 북한의 잠수함이 인천항을 공격할 가능성을 우려해서 1973년에 인천의 애스컴 시티가 폐쇄되었다고 앞서 언급했습니다. 행정수도를 옮길 때에도 마찬가지로 북한의 해상 전력이 판단 근거가 되었던 것입니다.

행정수도가 해안선에서 40km 이상 떨어져 있어야 한다는 기준은 우연인지 필연인지 미얀마의 군사정부가 수도를 양곤에서 네피도로 옮길 때에도 적용되었습니다. 미얀마의 옛 수도인 양곤은 해안에서 40km 정도 떨어져 있습니다. 그래서 유사시에 미군이 상륙할 것을 두려워한 군사정부는 해안에서 320km 떨어진 내륙의 네피도로 수도를 옮겼습니다. 이렇게 보자면 해안선으로부터 40km 이상 떨어져 있는 곳에 행정수도를 옮기려 한 박정희 대통령의 선택은, 북한이 해상에서 포를 쏠 가능성은 상정할 수 있지만 북한군이 한국에 상륙해서 수도까지 침공할 가능성은 없다는 판단에 근거했을 것으로 추정할 수 있습니다.

다음으로 행정수도는 "국토의 중심", "면적의 중심", "제조업의 중심"에서 반경 30km 내에 있는 것이 바람직했습니다. 또 서울에서 너무 가깝지도 않고 너무 멀지도 않도록 140km±20km 거리에 놓이는 것이 가장 바람직했습니다. 이상의 조건에 맞는 10개 지구가 1차로 선정되었습니다. 천원, 진천, 중원, 공주, 대평, 부용, 보은, 논산, 옥천, 금산입니다.

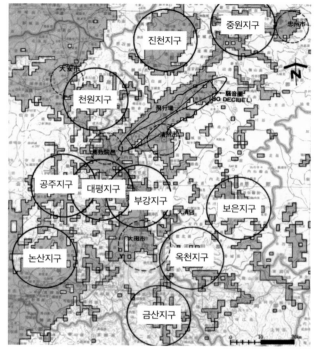

| 사진 30 | 〈행정수도 건설을 위한 백지계획 선정 1차 조사〉에 실린 〈후보지 선정도〉

두 차례에 걸친 행정수도 입지 선정

1차 선정 보고서에서는 이 가운데 현재의 세종시 핵심에 해당하는 대평지구를 "전국과 연결성이 좋고 자연경관이 비교적 좋음, 지형적 기준 등 개발 가능 면적이 양호함"이라는 이유로 가장 높이 평가하고 있습니다. 다만 대전에 가까워서 그 영향권에 포함될 것이 우려되었으며, "도시 중심부가 될 위치에 저습지가 많다"는 사실이 지적되었습니다. 현재 세종시 시내동 지역이 상습 침수 피해를 입는다는 소식은 전해지지 않으므로, 세종시 시내동을 만들 때 치수를 잘 했으리라 판단할 수 있겠습니다.

이렇게 1차 선정 과정에서 선택된 10개 지구를 대상으로 2차 선정 과정이 진행되었습니다. 2차 검토 때에는 이 가운데 천원, 장기, 논산이 대상이 되었고, 그 결과 장기와 논산으로 다시 걸러졌습니다. 여기서 장기는 1차 검토 때는 없었던 후보인데, 대평 지구를 살짝 서쪽으로 옮겨서 공주 지구를 크게 흡수시키면서 후보로 올랐습니다. 그리고 논산은 조금 더 동쪽으로 옮겼습니다. 이처럼 미세 조정된 장기와 논산 가운데 최종적으로 장기 지구가 선택됩니다.

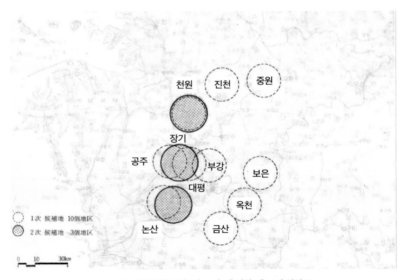

| 사진 31 | 〈행정수도 건설을 위한 백지계획 선정 2차 조사〉에 실린 〈후보지 위치도〉

2차 검토 보고서에서 대평지구만으로는 결점이 있으므로 1차에서 탈락된 공주·부용지구와의 연관성을 키우자고 했던 제안은 노무현 정권 시절 행정수도를 선정할 때 실행되었습니다. 이 제안대로 부용은 청주에서 떨어져나와 세종시 부강면이 되었고, 장기도 공주에서 떨어져나와 세종시 장군면이 되었습니다. 다만 세종시의 시가지는 1차 조사 때의 후보지였던 대평에 설정되었습니다. 백지계획 2차 선정 보고서의 제안이 30년 뒤에 실현된 것입니다. 국가 프로젝트가 얼마나 끈질기게 부활하는지를 보여주는 사례입니다.

지역의 가치를 낱낱이 파헤친 의미 있는 보고서

이 보고서는 요즘 정부나 지자체에서 작성하는 각종 보고서와는 달리, 오로지 최고 통수권자의 장기적 전망에 부응하기 위해 작성되었습니다. 최소한 보고서를 제작하는 단계에서는 여론을 의식할 필요 없이 후보 지역들의 장단점과 미래 전망을 논할 수 있었다는 뜻입니다. 행정수도 백지계획과 관련된 십여 권의 보고서 가운데 제가 특히 이 1차 선정 보고서와 2차 선정 보고서의 가치를 높게 평가하는 이유입니다. 이 두 권은 충청남북도의 거점 지역들에 대한 솔직한 평가를 담은 보고서로서 많은 분이 참고할 가치가 있습니다.

2차 선정 보고서에서는 장기지구를 가장 높이 평가하면서도 "토지 이용의 가능성"과 "장래 확장 가능성"의 두 가지를 좋지 못한 항목으로 거론하고 있습니다. 이 두 가지 항목은 향후 세종시를 개발하거나 세종시에 투자할 때에도 염두에 둘 필요가 있을 것입니다. 또한, 장기지구 다음으로 높은 평가를 받은 논산지구도 계룡시의 원형 prototype으로 평가할 수 있으므로, 1·2차 보고서에서 논산지구에 대해 어떤 평가를 내리고 있는지도 들여다보면 좋겠습니다.

행정수도,
노무현·이명박·박근혜의 삼국지

행정수도 백지계획의 추진

행정수도 백지계획은 1978~1979년 사이에 추진되었습니다. 백지계획에 관한 보고서들을 읽어보면, 최소한 계획상으로는 상당히 구체적인 레벨까지 사업이 추진되고 있었음을 짐작할 수 있습니다. 그러나 도시설계학자 박병주는 이 계획의 실현 여부에 의문을 표한 바 있습니다.[10]

"그 당시에는 솔직히 말해 신행정수도를 건설할 만한 경제적 능력이

---

10   대한국토 도시계획학회, 앞의 책, 135~136쪽

있었겠는가? 회의적으로 생각하였고, 일본에서도 해보고 있는 수도

이전계획이었으니 우리도 안보적 측면에서 한번쯤 검토·연구하는 것

이 좋겠다고 생각했다."

당시 백지계획 작성에 참가한 김진애 전 의원도 "당시 우리의 기술 수준으로 제대로 만들 수 있었을까 하는 의문은 아직 남아 있다"고 회고합니다.

박정희 대통령이 살아 있었다고 해도 이 사업이 순조롭게 진행되었을지는 의심스럽습니다. 오원철 전 경제수석이 소개한 가로림만 프로젝트도 마찬가지입니다. 이렇게 보자면, 박정희 대통령이 1979년에 사망한 것은 우연의 일치이지만 의미심장합니다. '프로젝트 구상까지 수고 많았습니다. 하지만 더 이상 당신에게 대규모 프로젝트를 맡기지 않겠습니다. 이 프로젝트는 후세에 맡기시오'라는 하늘의 뜻이라고 할 수 있을지요.

마찬가지로 백지계획에 관한 평가보고서에서는 건설 자금 문제가 있으니 15년에 걸쳐 행정수도를 건설하는 게 가장 좋겠으며, 사업 착수 시기는 1982년에서 1986~1987년으로 늦추자고 제안합니다. 그후의 역사를 알고 있는 우리에게는 전두환 정권이 위기를 겪고 마침내 평화적으로 정권을 이양한 1986~1987년이라는 시점도 미묘하게 다가옵니다. 하늘이 전두환 대통령에게도 '당신도 대규모 프로젝트를 진행하지 말라'고 명한 것 같습니다.

이리하여 두 명의 군인 출신 대통령은 행정수도 이전을 추진하지 못했습니다. 2000년대 이후 행정수도를 건설하는 과정에서는 노무현·이명박·박근혜라는 세 명의 민간인 정치인이 삼각 구도를 이루었습니다. 잘 아시다시피 노무현 대통령은 행정수도 건설을 추진했고, 이명박 당시 서울시장은 이에 반대하는 입장이었습니다. 그리고 정치인 박근혜는 이명박과 같은 정당에 속했지만 행정수도를 입안한 박정희 대통령의 딸이다 보니, 행정수도에 대해서는 노무현과 이명박 두 사람의 중간적 입장을 취했습니다.

세종시 탄생을 둘러싼 삼파전

세종시가 탄생하기까지의 과정을 간단히 정리하면 이렇습니다. 2003년 12월에 〈신행정수도 건설 특별법〉이 국회를 통과했고, 2004년 4월의 제17대 총선을 거쳐, 같은 해 6월에 노무현 정부는 신행정수도로 옮겨갈 대상에 청와대와 국회를 포함시켰습니다. 이에 대해 헌법재판소는 같은 해 10월, 〈신행정수도 건설 특별법〉을 위헌 판결했습니다. 그러자 여야는 2005년 2월에 신행정도시로 12부4처2청을 이전하는 데 합의했습니다. 박근혜 전 한나라당 대표는 "이런 상태에서 합의가 안 되면 충청도민의 배신감을 어떻게 추스를 것이냐. 국가와 충청권 발전을 위해 특위 합의안을 받아들이자"며 행정수도 이전에 찬성 입장을 나타냈습니다.

박근혜 대표와는 반대로, 이명박 서울시장은 2005년 2월 25일에 행정수도에 반대한다는 호소문을 발표했습니다. 세종시에 대한 두 사람의 입장 차이는 이명박 대통령 시절까지 이어졌습니다. 이후 같은 해 3월에 〈행정중심 복합도시 건설 특별법〉이 국회를 통과했고, 또다시 헌법소원이 제출되었지만 이번에는 각하되었습니다. 그리고 임기 말인 2007년 7월 20일, 노무현 대통령은 자신이 박정희 대통령의 구상을 이어받아 행정수도를 실현시키는 것이라고 발언했습니다. "오늘 우리 정부가 하는 일 하나는 박정희 대통령의 계획을 계승하고 있는 겁니다."

　　저는 여기서 행정의 연속성, 행정의 관성을 봅니다. 경인운하가 식민지 시기에서 현대 한국으로 이어지는 행정의 연속성에 의해 아라뱃길로 실현되었다면, 박정희 대통령이 입안한 행정수도는 그와 정반대의 정치적 입장을 지닌 노무현 대통령에 의해 실현되었습니다. 물론 두 경우 모두 애초에 기획되었던 것보다는 규모가 상당히 축소되었습니다. 이것은 행정적인 실패로 볼 것이 아니라, 처음에 계획을 입안한 뒤로 상황이 바뀐 데 맞추어 모습을 바꾼 것이라고 이해해야 합니다. 또 추진 세력이 군사 작전 벌이듯이 일방적으로 몰아붙이는 게 아니라, 협상이라는 정치적 대화를 통해 합의하에 사업을 완성시켰다는 사실도 중요합니다.

　　이리하여 양대 정치 세력의 합의하에 2010년 12월 27일, 〈세종특별자치시 설치 등에 관한 특별법〉이 공포되었고, 명칭은 '세종특별자치시'로 확정되었습니다. 그리고 충청남도 연기군과 그 양옆의 공주·천안 땅 일부를 흡수해서 2012년 7월 1일에 세종특별자치시가 출범했습니다.

행정수도가 또다시 이전할 가능성은?

오랜 시간에 걸쳐 정치적으로 충분히 논의하고 또 갈등한 결과 실현된 행정수도 이전이기 때문에, 앞으로 어지간히 큰 일이 있지 않고서는 행정수도의 기능이 다시 서울로 돌아오는 일은 없을 것으로 예상합니다. 행정수도 이전을 부정하고 비판하는 사람이 아직도 많습니다. 하지만 앞으로 할 일은 행정수도와 서울의 이원 시스템을 더욱 효율적으로 만드는 것입니다. 그 과정에서 수많은 미래 가치가 탄생할 것입니다.

예를 들어, 1979년 〈행정수도 건설의 타당성 연구〉에서는 서울과 행정수도를 초고속전철로 이어야 한다고 제언하고 있지만, 이 제안은 아직 실현되지 못했습니다. 고속철도가 애초의 구상대로 행정수도의 한복판, 즉 장군면 지역을 지나지 못하고 동북쪽의 오송역을 통과하는 노선을 택하다 보니, 세종시 시내동은 열차 없는 도시인 상태입니다.

2021년 4월 22일에 국토교통부가 발표한 〈제4차 국가철도망 구축계획(2021~2030년)〉에 대전 반석-정부세종청사-조치원-청주공항의

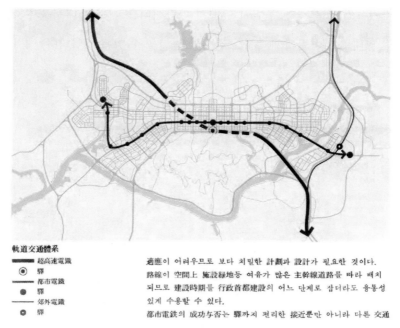

軌道交通體系
▬▬▬ 超高速電鐵
 ◉ 驛
▬▬▬ 都市電鐵
 ● 驛
▬▬▬ 郊外電鐵
 ◎ 驛

適應이 어려우므로 보다 치밀한 計劃과 設計가 필요한 것이다.
路線이 空間上 施設綠地등 여유가 많은 主幹線道路를 따라 배치
되므로 建設時期를 行政首都建設의 어느 단계로 잡더라도 융통성
있게 수용할 수 있다.
都市電鐵의 成功與否는 驛까지 편리한 接近뿐만 아니라 다른 交通

| 사진 32 | 〈행정수도 건설을 위한 백지계획 제1부〉(1980)에 실린 〈궤도교통체계〉

48.8km 구간을 광역철도로 건설한다는 내용이 포함되어 있습니다. 이 철도는 백지계획에서 구상한 서울-행정수도 간 직통 고속철도에 비하면 노선이 많이 우회한 상태입니다. 하지만 이렇게 삐그덕거리면서 간신히 실현되는 것이 프로젝트와 현실의 차이지요. 백지계획에는 조치원공항을 건설하려는 구상도 있었지만 이 또한 무산되었고, 반석-청주공항 광역철도를 이용해서 청주공항과 연결되는 형태로 실현될 예정입니다.

　이처럼 행정수도 백지계획이 수십 년에 걸쳐 현실화되는 과정을

복기하면, 앞으로 중부권이 어떻게 메가시티를 이루고 대서울과 어떤 형태로 이어질지 예측하는 감식안을 얻을 수 있을 것입니다.

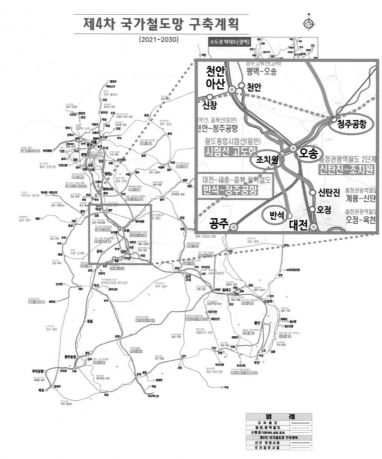

| 사진 33 | 〈제4차 국가철도망 구축계획〉에 실린 반석-청주공항 광역철도 노선

중부권 메가시티는 탄생할까?

광역철도로 이어지게 될 도시들

대전광역시 반석에서 세종시와 청주시를 지나 청주공항으로 이어지는 광역철도는 중부권 메가시티의 탄생을 촉진할 가능성이 있습니다.

중부권 메가시티는 이미 행정수도 백지계획 단계에서 예상된 바 있습니다. 〈행정수도 건설을 위한 백지계획 선정 2차 조사〉(1978)에서는 "10km 반경 내에 있는 공주와의 연담화가 예상되며 (중략) 대전, 청주, 천안과 같은 기존 도시들에 위요되어 이러한 도시들과의 도시권 형성에 경합 현상을 보일 것"이라고 예측합니다. 이 예측 가운데 천안을 제외한 나머지 도시들과는 연담화가 진행되는 것이 현실입니다. 그 결절점 가운데 하나가 세종시 조치원읍입니다. 철도 교통이 불편한 지금도 조치원을 중심으로 대전(일부)·세종·청주는 느슨하게 이어져 있습니다. 그리고 광역철도는 이러한 느슨한 생활권을 더욱 긴밀하게 만들어줄 가능성이 있습니다.

행정수도 백지계획에서는 특히 대전과의 연담화가 예상되었습니다. 대전광역시와 행정수도가 국토 중심부의 2대 중심도시가 될 것이기 때문에 양 도시가 기능 면에서 밀접한 관계에 놓이게 됨을 뜻하며, 지리적으로 연결될 수도 있으므로 처음부터 "대전과 통합하거나 인접하여 건설하는 것이 타당하다"고 〈행정수도 건설을 위한 백지계획 선정 2차 조사〉에서는 제안하고 있습니다. 충청북도 도청 소재지인 청주시가 오송역에 KTX를 정차시키려고 애쓰고, 청주공항을 중부권 대표 공항으로 자리매김하게 하려는 등의 노력을 하는 것은 유명합니다. 청주시가 이렇게 분투하는 것은 대전과 함께 중부권의 대표 도시라는 위치를 세종시에 빼앗길 수 있다는 위기의식에서 비롯된 것으로 보입니다.

중부권 메가시티, 가능할까?

〈행정수도 건설을 위한 백지계획 행정수도 광역권 개발계획〉 (1979)에서는 행정수도와 대전을 "도시 규모와 기능 면에서 결합"시킴으로써 한국의 "전통적인 수도지향적 비대 성장을 사전적으로 예방"

해야 한다고 제안합니다. 모든 기능이 수도로 몰리는 데서 발생하는 폐해를 막기 위해 처음부터 행정수도는 행정 기능만을 포용하는 단일기능도시로서 역할하게 하고, 나머지 도시 서비스의 대부분을 대전시로부터 공급받게 하자는 것입니다.

이 구상이 실현된다면 2000년대에 중부권의 인구는 300~400만에 달할 수 있을 것으로 예상되었습니다. 그리고 2022년 5월 현재 중부도시권의 인구는 2,824,695명입니다. 대전광역시 1,448,933명, 청주시 849,003명, 세종시 380,215명, 공주시 102,997명, 계룡시 43,509명입니다. 백지계획에서 예측한 2000년으로부터도 22년이 지난 지금까지 목표 인구에 다다르지 못한 것입니다.

이러한 차이가 발생한 가장 큰 원인은 행정수도 계획이 완성되지 않았기 때문입니다. 원래 행정수도의 인구가 1986년에 10만 명, 1991년에 20만 명, 1996년에 50만 명, 2001년에 100만 명에 다다를 것으로 예측했거든요. 행정수도의 한복판인 중심지구가 장군면에 입지하지 않았으니, 세종시 자체의 인구가 애초의 기대처럼 폭발적으로 증가할 것 같지는 않습니다. 세종의 모母 도시로 설정된 대전도 약한 인구 감소세를 보이고 있습니다. 다만 SK하이닉스 청주공장, 오송생명과학단지, 섬유·건설기업 (주)대원 본사 등이 자리한 청주는 인구가 계속 늘고 있습니다. 따라서 세 도시가 연담화된다면 중부권 메가시티는 충분히 현실화될 수 있을 것으로 보입니다.

청주에 가까운 조치원에 군청을 두던 연기군을 계승한 세종시가

시청을 대전에 가까운 시내동 쪽으로 옮기고, 조치원이 청주 쪽이 아닌 시내동 방향으로 택지개발을 하는 등 청주와 세종 간에 인위적인 분리의 움직임이 보이는 것은 사실입니다. 중부권 메가시티가 탄생하기 위해서는 이 부분이 해소될 필요가 있을 것입니다. 청주시의 서쪽 끝에 자리한 오송이 커지면서, 세종시의 동북쪽에 자리한 조치원과 연담화될 가능성이 보이고 있어서 주목하고 있습니다.

중부권 인구가 늘어나려면?

중부권의 인구가 늘기 위해서는 세종청사에서 근무하는 공무원들이 중부권의 주민이 되어야 할 것입니다. 그래서 〈행정수도 건설의 타당성 연구〉(1979)에서는 공무원들이 서울에서 행정수도로 통근하는 것을 막아서 중부권을 자립시켜야 한다고 제안합니다. "신수도는 통근하는 도시가 아닌 거주하는 도시로 개발한다"는 것이지요. 〈입지 선정 기준에 관한 연구〉(1978)에서는 여러 사례를 검토한 결과, "정상적 일과를 수행하기 위해서 편도 출퇴근 교통시간이 90분을 초과하면 불가능하다"고 결론 내립니다. 그리고 행정수도는 이 시간을 초과하기 때문에 서울-행정수도 간 출퇴근이 일어나지 않으리라고 예측합니다.

하지만 〈행정수도 건설의 타당성 연구〉에서는 서울에서 행정수도로의 대규모 인구 이동 가능성을 부정합니다. 서울의 매력이 여전하고 서울-세종 간 교통이 개선될 것이기 때문에 "백지계획이 지적하는 대로 고급 인력이나 엘리트의 대량 유출이 심각히 우려되지는 않을 듯하다"는 것이지요. 그리고 이 예측은 맞았습니다. 한국의 공무원들은 불굴의 의지를 지니고 있거든요.

다들 아시다시피, 현재 서울·경기권에서 세종청사로 통근하는 공무원이 많습니다. 이를 막기 위해 2022년 1월부터 서울-세종 간의 통근버스가 폐지되었고, 세종청사 공무원들이 반값 할인 혜택을 받아 이용하던 KTX 통근열차도 2023년에 폐지할 것이 결정되었습니다. 공무원들이 세종시에 정착할 수 있도록 특별 공급 혜택까지 주었지만, 특공 아파트는 전세로 내놓거나 되팔아버리고 여전히 서울에서 출퇴근한다는 지적이 많았지요.

이렇게 세종청사 공무원들이 서울-세종 간을 출퇴근하지 못하게 하는 조치가 잇따르자, 세종시의 주택 가격이 급등하고 있습니다. 공무원들로서는 억울하다는 생각을 할 수도 있겠지만, 행정수도가 건설된 지가 10년이 넘었는데 여전히 세종에 정착하지 못하는 것은 쉽게 납득되지 않습니다.

공공기관의 지방 이전 사례

포항제철을 만든 박태준 회장의 평전인 『철강왕 박태준 경영이야기』(한언, 2011)에서 읽은 한 구절이 떠오릅니다. 그는 포항제철 회장이

되기 전에는 텅스텐을 채굴하는 대한중석 회장이었습니다. 유명한 텅스텐 광산은 강원도 영월군 상동읍에 있지요. 현장의 광부들은 식민지 시기에 지어진 열악한 사택에서 고생하는데, 대한중석의 서울 본사에서 일하는 직원들은 한 번도 현장에 내려가지 않는 것이 관례였다 보니 현장의 사정을 전혀 알지 못했습니다. 이러한 상황을 타개하기 위해 박태준은 생산 관련 부서들을 서울 본사에서 광산 현장으로 내려보냈습니다. 많은 간부가 이에 반대했고, 어떤 사람들은 "지방 근무가 체면을 깎는다며 회사를 그만두기도 했다"고 합니다.

공공기관 이전 때에도 제 주변의 일부 서울·경기권 직원이 지방에 내려가기 싫다고 사표 내는 것을 보았습니다. 그들이 사라진 빈자리는 공공기관이 옮겨간 현지의 청년들이 채웠습니다. 저는 대한중석과 공공기관 이전의 두 가지 사례를 보면서, 노무현 정부 때부터 추진되고 있는 공공기관 이전을 전적으로 찬성하게 되었습니다.

민간 기업은 서울·경기권으로 집중함으로써 시너지 효과를 올릴 수 있습니다. 민간 영역이 효율을 추구하는 것을 막으면 안 됩니다. 하지만 정치와 행정이 언제나 경제적 효율성만 따져서는 안 됩니다. 정치와 행정은 민간 영역에서 효율성을 추구하다가 놓치는 균형 발전을 챙기는 역할을 해야 합니다. 혁신도시들이 기존 도시와 영 동떨어진 곳에 자리하는 문제는 별도로 비판해야 하지만, 공공기관을 지방으로 옮긴다는 정책은 큰 방향에서 옳다고 생각합니다.

중부 공업 지역
구상은 실현될까?

서울-아산만 간 선형도시

행정수도를 이전하고 중부 대도시권을 건설한다는 백지계획은 아산만·가로림만 등에 대규모 항만과 공업단지를 만든다는 구상과 한 쌍을 이룹니다. 서울-인천의 관계와 같은 신수도-서해안 거점도시의 한 쌍을 구상했던 것이지요. 백지계획 입안자들은 아산만을, 오원철 전 경제수석은 가로림만을 중심으로 한 서산·태안 지역을 대상 지역으로 설정했다는 차이가 있지만, 기본 구상은 동일합니다.

이런 구상은 아산만 국가산업단지와 당진·서산의 각종 산업단지로 어느 정도 현실화되었습니다. 다만 이 산업단지들은 〈행정수도 건설을 위한 백지계획 행정수도 광역권 개발계획〉(1979)에서 제안한 것

처럼 행정수도·대전 등의
중부권에 결합한 것이 아니
라, 〈행정수도 건설의 타당
성 연구〉(1979)에서 예측한
것처럼 서울과 결합해서 서
울과 아산만이 선형 도시로
발달하는 형태를 띠게 되었
다는 데에서 차이가 있습
니다.

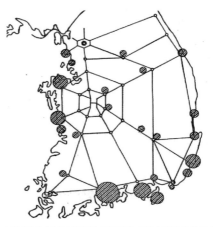

|사진34| 〈2000년대의 산업기지 재편성 기본계획〉에 실
린 〈산업기지 재편성 구상 개념도〉

　〈행정수도 광역권 개발계획〉에서 아산만 공업 지역을 수도권이
아닌 중부권에 붙일 것을 제안한 이유는, 서울의 비대화를 막을 수 있
게 하기 위해서였습니다. 이를 위해 아산-공주-대전 간의 고속철도
신설을 제안했지만, 아시다시피 이 계획은 실현되지 않았습니다. 그
대신 서울-아산만 간에 수도권전철 1호선 연장(장항선 전철화), 서해안
고속도로·서해선 철도 건설 등이 진행되었습니다.

성장 가능성이 있는 지역들

　서울-아산만 간 선형 도시의 출발점은 반월신공업도시였습니다.
훗날 안산이라 불리게 되는 이 도시는 "수도 서울로부터 독립된 위치
(35km 거리)에 20만 규모로" 건설되어 "자체 완결도시로 성장"하는 한

| 사진 35 | 〈반월신공업도시 개발기본계획 본보고서〉(1977)에 실린 조감도

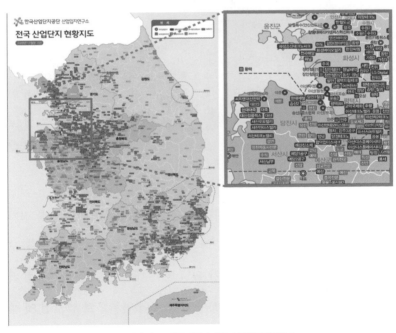

| 사진 36 | 〈2021 전국 산업단지 현황지도〉, 한국산업단지공단 산업입지연구소

편, "서해안 개발의 거점"으로 기능할 것으로 기대되었습니다. 그리고 예상대로 반월신공업도시는 화성시와 평택시의 서부, 아산시·당진시·서산시의 북부로 이어지는 공업벨트의 출발점이 되었습니다. 저는 송산그린시티와 향남을 비롯한 화성시의 서부, 안중과 포승을 비롯한 평택시의 서부, 아산시·당진시·서산시 북부가 지금보다 더 크게 성장할 가능성이 있다고 예측합니다.

| 사진 37 | 〈2035 화성 도시기본계획〉에 실린 〈송산그린시티〉

예를 들어, 평택시 포승읍에는 평택항과 아산국가산업단지 경기포승공단이 건설되어 있습니다. 이 항만과 공업단지는 계속해서 규모를 키우고 있습니다. 개발 속도가 워낙 빠른 데다가 외곽에서 각종 택지사업이 동시에 진행 중이다 보니, 항만·공단 안팎으로 남겨진 옛 블록이 많이 보입니다. 그런 옛 블록 가운데 '만호5리'라는 곳은 예전에

어촌이었던 마을로, 지금도 수협과 어촌계가 활동하고 있습니다. 하지만 이미 마을 주변은 모두 개발되었기 때문에 이 만호5리 주변만 덩그러니 남겨져 있는 상황입니다. 이 블록은 아파트 단지를 만들기에는 여러 가지로 부적합하고, 그보다 소규모의 주거 및 상업 블록으로 개발하면 좋을 듯합니다. 평택항과 경기포승공단 주변에서 이렇게 눈에 띄는 구역을 여러 곳 확인했습니다. 물론 이들 지역은 이미 기획부동산들이 오래전부터 작업을 해온 곳이므로, 투자할 때 주의하여야 합니다. 저는 이곳에 토지나 주택을 소유하고 있지 않으며, 아는 사람도 전혀 없다는 사실을 노파심에서 덧붙입니다.

화성시·평택시 서부와 긴밀하게 이어져 있는 충청남도 북부의 도시들은, 철도·교통을 통해 서울로의 접근 시간이 단축되기를 바라면

| 사진 38 | 평택항·경기포승공단 배후의 옛 블록. 사진 왼쪽으로는 옛 마을이, 오른쪽으로는 서해대교와 평택마린센터가 보입니다. 2021년 11월.

서 수도권 규제 정책이 유지돼서 자기 지역에 공장이 더 생기길 바라는 모순된 모습을 보입니다. 그리고 자기 지역이 앞으로도 계속 성장하리라는 기대에서 계속해서 공단 부지를 조성하고 있습니다.

분양 전망이 확실하다면 공단 부지를 조성하는 게 당연하지만, 당진시의 석문산업단지처럼 분양이 잘 되지 않아서 한동안 부지가 비어 있다거나 공해 업체를 입주시켰다는 등의 비판을 받는 경우도 있습니다. 산업단지 활성화 방안으로 추진한 산학연계도 삐걱거리고 있습니다. 사정이 이런데도 석문산단 주변에서는 기획부동산이 득세하고 있다는 보도까지 나오고 있습니다. 개발 주체는 나름대로 확실한 전망을 세우고 택지를 개발했겠습니다만, 제가 2022년 2월에 답사했을 때까지도 석문산단과 주변 지역은 참 쓸쓸한 느낌을 주었습니다.

| 사진 39 | 석문국가산업단지를 한눈에 조망할 수 있는 당진시 관광정보센터에 전시되어 있던 산단 개발 전후 조감도. 개발 후 조감도에 그려져 있는 모습을 현지에서는 아직 찾아보기 어려웠습니다. 관광정보센터도 인적이 드물었습니다. 2022년 2월

용산 대통령 집무실 시대가 열리다

계룡시 탄생의 기원

이 책이 출간될 즈음에는 새로운 대통령의 집무실이 서울 용산으로 이전해 있을 것입니다. 이에 따라 국방부는 용산에서 다른 곳으로 이전하게 되었습니다. 이 책을 쓰는 시점에서 국방부가 어디로 옮겨가게 될지는 아직 정해지지 않은 상황입니다. 저는 이번 기회에 국방부가 충청남도 계룡시로 옮겨가서 육·해·공군 3군본부와 가까운 곳에 자리하게 되기를 바라고 있습니다.

전두환 대통령은 1983년 6월 20일에 3군본부를 지금의 계룡시로 이전하는 안에 서명했습니다. 이로부터 '620사업'이 진행되어 1989년에는 계룡출장소가 설치되었고, 2003년에는 계룡시가 탄생했습니다.

계룡시를 설치하기로 한 것은 전두환 대통령 시기였지만, 그 기원은 박정희 대통령 시기로 거슬러 올라갑니다. 행정수도를 건설할 부지를 선정하기 위한 1차 조사 결과가 1978년에 이루어졌는데, 이때 선정된 열 곳의 후보지 가운데 한 곳이 논산지구였습니다. 이때 논산지구에는 성동면·노성면·광석면·상월면·연산면·논산읍이 포함되어 있었는데, 계룡시는 이 1차 조사 때의 논산지구와 대전광역시의 중간에 위치한 논산군 두마면에 자리하고 있습니다. 이미 1차 조사 때 논산지구가 언급되어서 기밀성이 훼손되기도 했고 논산 지역에 대한 투기 움직임도 있었기 때문에 이런 결정을 내린 것이 아닌가 추정됩니다.

노무현 대통령이 신행정수도를 이전하려다가 2004년에 헌법재판소에서 위헌 판결을 받는 바람에 박정희 대통령 때부터 추진되어온 행정수도 이전은 애초의 구상이 온전히 구현되지 못한 상태입니다. 대통령, 국회, 외국 대사관들이 서울에 남다 보니 국방부도 계룡시로 옮기지 않을 명분이 존재합니다.

국방부가 계룡시로 이전한다면?

이번에 국방부가 용산에서 옮기는 것이 확정되자, 현직 군인들보다 국방부의 민간인 공무원들이 더 반발하고 있다는 소식도 들립니다. 국방부가 나중에 육·해·공 3군본부가 있는 '지방(계룡대)'으로 가면 주거 공간인 서울을 떠나야 할지 모른다는 '공포감'을 느끼고 있는 것이지요. 하지만 대부분의 정부 부처와 공공기관이 서울시·경기도의 바깥으로 옮겨갔습니다. 국방부만 서울시 한복판에 남아 있을 이유는 없습니다. 국방부 산하의 각 부대도 전국에 흩어져 있습니다. 국방부도 위치적으로 편중된 서울보다는 국가의 중심 위치인 계룡·세종·대전 근처에 자리하는 것이 합리적이고도 효율적입니다.

2021년에 국회세종의사당을 설치하는 내용의 국회안 개정법이 통과되면서 국회가 세종에서 활동할 법적 근거가 생겼고, 대통령 집무실이 용산의 국방부 청사로 옮기기로 결정되었으니, 국방부도 이번 기회에 국회 분원을 따라 계룡시로 이전하면 좋겠습니다.

외교부도 마찬가지입니다. 현재 대통령이 서울에 있다 보니 외국 대사관들도 서울에 있고, 이에 따라 외교부도 서울에 남아 있습니다. 대통령과 국회를 세종으로 옮기기 위해서는 개헌을 위한 국민투표가 필요한데, 지금처럼 어떤 사업을 추진해도 국민 여론이 반반으로 갈리는 상태에서 국민투표는 실현 가능성이 낮습니다. 따라서 수도 이전은 사실상 불가능하다고 봅니다. 그러므로 국회세종의사당에 이어서 청와대 세종집무실도 설치하고, 국회의원들은 임기의 3분의 1을 자기 지역구, 나머지 3분의 1은 세종, 또 나머지 3분의 1은 서울에서 지내는 식으로 의무화할 필요가 있습니다. 이것이 서울시·경기도 일극 집중을 막을 수 있는 최적의 방법입니다.

2부

살기 좋고 사기 좋은
부동산의 조건

3장

남북관계와
부동산의
상관관계

안보 문제와 현대 한국

현대 한국의 도시 구조는 어떻게 만들어졌을까?

박정희 대통령이 행정수도를 건설하기로 한 가장 중요한 이유는 북한의 군사적 위협이었습니다. 즉 안보가 가장 중요한 목적이었고, 국토의 균형 발전을 꾀하는 것은 부차적이었습니다. 이 관점에서 오늘날의 서울, 대서울 그리고 한국을 보아야 기본적인 구조가 투명하게 한눈에 들어옵니다.

서울을 비롯한 현대 한국의 도시 구조가 지금과 같이 결정된 데에는 몇 가지 중요한 계기가 있었습니다. 조선시대 말기부터 식민지 시기에 걸쳐서는, 제국주의 일본이 침략의 교두보인 부산과 서울 사이를 직결시키기 위해 경부선과 이에 부속되는 철도들을 건설한 것이었습니다. 광복 이후에는 분단과 북한의 침략이 중요한 계기였습니다.

포항-울산-부산-창원-광양-여수로 이어지는 동남권에 공업도시가 발달한 이유도 이 두 가지 계기에 의한 것이라고 이해할 수 있습니다. 서울과 동남권을 잇는 경부축은 식민지 시기에 발달했습니다. 1945년 8월에 광복된 뒤에는 이 경부축이 약해질 가능성이 있었습니다. 중국을 통치하고 있던 것이 지금처럼 중화인민공화국이 아니라 장제스의 중화민국이었기 때문에, 한국과 중국이 인천항 등 서해안을 통해서 활발히 교류하기 시작했거든요. 잘 차려입은 남성을 가리키는 '마카오 신사'라는 말도, 이 당시의 한·중 간 국제 무역이 얼마나 활발했는지를 보여줍니다.

하지만 1949년 12월에 마오쩌둥의 중화인민공화국이 중국을 차지하고 장제스의 국민당이 타이완으로 후퇴하는 사건이 일어납니다. 이렇게 되자 미국이 움직입니다. 제국주의 일본이 통치하던 지역을 관할하던 연합군 최고사령부G.H.Q가 도쿄에 있었는데, 한국과 일본을 원활하게 통치하기 위해 경부축을 강화한 것입니다. 서해안 항구도시들은 잠깐 반짝인 뒤에 다시 활기를 잃었습니다. 1950~1953년의 6·25 전쟁 뒤에는 경부축이 더욱 강화되었고요.

국공내전의 결과 경부축이 부활했고, 이 축에서 볼 때 북한으로부터 가장 멀리 떨어진 동남권이 한국의 공업단지로 선택되었다고 이해하는 것이 타당합니다. 동남권이 박정희·전두환 두 대통령의 고향이었기 때문에 공업단지를 몰아주었다고 말하는 건, 역사의 흐름을 한두 사람의 존재로 설명하려는 영웅주의일 뿐입니다.

한국이 타이완의 중화민국과 국교를 단절하고 중화인민공화국과 국교를 맺은 뒤로 인천항·평택항 등의 서해안 도시들은 다시 활력을 찾은 듯했습니다. 하지만 모두 아시다시피 시진핑 체제가 시작되면서 관계가 다시 악화되었지요. 앞으로 당분간은 서해안 시대가 다시 찾아오지 않으리라고 저는 예상하고 있습니다.

동남권 공업권의 탄생

동남권 공업권은 특정한 정치인들의 고향 밀어주기가 아니라 경부축과 북한의 위협이라는 두 가지 계기로 인해 탄생했습니다. 그 증거로, 1970~1980년대에 국토의 균형 발전이 고려되었을 때에도 박정희·전두환 두 명의 대통령은 충청도가 아닌 전라도를 선택했습니다. 1966년에는 충청남도 서천군 비인면에 비인공업단지를 만들기로 하고 4월 29일에 기공식까지 열렸지만, 그 후 경상남도 울산으로 입지가 옮겨졌습니다. 부여 출신의 김종필과 울산 출신의 이후락이 맞붙었다가 이후락이 이겼다는 해석이 있기도 합니다.

1974년 1월 24일에는 〈광역 아산만지역 종합개발계획 구상〉이 발표되었습니다. 같은 해 3월 16일자 《동아일보》 기사 〈개발 붐이 몰고 온 '적막'과 '활기'〉에서는, 아산만 임해공업벨트 개발 소식에 주변 지역에서 토지 붐이 일고 있는 반면, 비인공단은 쓸쓸한 채로 남겨진 모

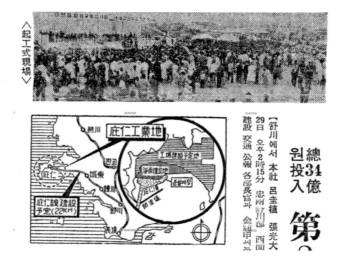

| 사진 1 | 비인공단 기공식이 열렸다는 소식을 전하는 1966년 4월 30일자 《조선일보》 기사 〈비인공업지구 기공〉

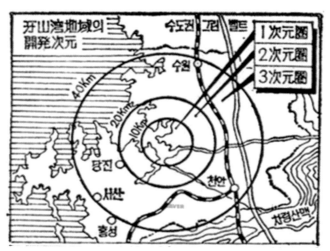

| 사진 2 | 아산만 개발 구상 소식을 전하는 1974년 1월 25일자 《조선일보》 기사 〈아산만 중심 반경 40km 내에 최대 임해공업벨트 개발〉

습이 대조적이라고 묘사합니다. 이 기사에서는 평택군 안중리, 즉 지금의 평택시 안중읍 지역의 땅값이 두 달 사이에 20배나 뛰었다고 전합니다. 단 두 곳뿐이던 부동산이 순식간에 40여 곳으로 불어났다고 하니, 당시의 부동산 붐을 짐작하게 합니다. "주말이면 서울 등지에서 자가용들이 먼지를 쓰고 내려와 좁은 거리는 차로 메워"졌고, 부동산업자들은 이들을 상대로 "이곳에는 제철공장이 선다", "이곳에 철로가 놓이고 역이 선다"는 등의 흥정을 했다고 하니, 전형적인 기획부동산의 모습입니다.

| 사진 3 | 아산만 지역과 비인 지역의 대조적인 모습을 전하는 1974년 3월 16일자 《동아일보》 기사 〈개발 붐이 몰고 온 '적막'과 '활기'〉

이렇게 비인공단이 지고 아산만 임해공업벨트가 뜨는 것 같았지만, 그것도 한때였습니다. 오원철 전 경제수석이 증언하듯이 1979년에는 아산만 지역이 아닌 서산과 태안 사이의 가로림만을 공업단지

로 만드는 가로림만 프로젝트가 구상되었지요. 그리고 박정희 대통령이 사망하면서 아산만·가로림만 개발은 중단됩니다. 포항제철 건설을 주도한 박태준 회장은 포항제철에 이은 제2종합제철을 아산만에 짓자고 하는 정부 관료들의 주장에 맞서서 전라남도의 광양만을 후보지로 밀었습니다. 정부 관료들이 대부분 아산만을 밀고 있는 가운데, 박태준은 전두환 대통령에게 면담을 청해서 광양만이 타당한 이유를 역설했습니다. 그리고 전두환 대통령은 아산만 대신 광양만에 손을 들어주었습니다. 그때 전두환 대통령은 "아산만은 북쪽에서 가깝지요? 또한 간첩이 종종 출몰하는 지역이기도 하고요. 백령도와도 너무 인접해 있어요. 전략적으로도 큰 문제가…"[11]라고 말했다고 합니다. 즉, 안보 문제 때문에 제2제철소의 입지가 동남권으로 정해졌다는 것입니다.

전두환 대통령은 공무원·정치인·사업가들이 아산만 지역의 부동산을 사들이고 있다는 소문을 듣고는 중앙정보부에 조사를 명령했다고 합니다. 그리고 실제로 아산만 지역에 땅 투기한 고위공무원이 많다는 사실이 밝혀졌다고 합니다. 1974년 3월 16일자 《동아일보》 기사가 전하듯이, 아산만 개발이 발표되자마자 서울에서 자가용이 물밀듯이 몰려들었다고 하지요. 1990년대에 서울시 서초구 서초동의 꽃마을이 법조단지로 개발되는 과정에서도, 이곳에 장차관·국회의원

---

11   서갑경, 『철강왕 박태준 경영이야기』, 한언, 2011년

들이 다수의 토지를 보유하고 있다는 사실이 밝혀져서 큰 논란이 일어났습니다.

| 사진 4 | 고위급 인사들의 서초동 꽃마을 땅 투기 현황을 전하는 1993년 4월 9일자
《동아일보》기사 〈고위층 '법조타운' 집중투자 안팎〉

부동산 투자보다 앞서는 안보 문제

김광모 중화학기획단 부단장은 『한국 중화학공업 오디세이』(알에이치코리아, 2017)에서 아산만 대신 광양만이 제2종합제철 입지로 결정되는 바람에 "전 국토의 균형 발전"을 이루지 못했다며 아쉬움을 표합니다. "그래도 다행스러운 것은 아산만 지역의 집중 조사와 계획 수립 덕분에 하나의 정유공장이 건설되고 있고 약 10년이나 늦었지만 아산만 개발의 붐을 만들었다는 점"이라고 적고 있습니다. 비인 대신 울산이, 아산만 대신 광양만이 공업단지의 입지로 선택된 가장 큰 이유는 안보였습니다. 안보가 부동산 투자에 앞선 것입니다. 한편으로는, 김광모의 말처럼 결국 아산국가공업단지도 1994년 8월에 건설이 시작되어 현재까지 이어지고 있습니다. 개발 프로젝트는 시간이 지나도 웬만하면 부활한다는 행정의 연속성, 행정의 관성을 보여주는 또 하나의 사례입니다. 이러한 일련의 과정은 미래의 투자처를 결정하는 데 함의가 크다고 하겠습니다.

1960년대에 서울시의 영동 개발이 시작된 것에도, 앞에서 언급한 것처럼 안보의 이유에서 한강 이북의 인구를 줄이려 한 박정희 정부의 구상이 있었습니다. 다만 이 개발사업이 너무나도 성공해서 서울시의 경제축이 강북에서 강남으로 옮겨질 줄은 박정희 대통령도 미처 예상하지 못했을 것 같습니다. 대도시 주변에 그린벨트를 설정한 것 역시 안보상의 문제였습니다.[12]

또 이제는 잘 알려져 있다시피 을지로를 비롯한 전국 곳곳의 대도시에 지하상가가 만들어지고, 남산터널을 뚫고, 방공호·진지 목적으로 반지하가 설치되고, 압구정 현대아파트에 저격수가 자리할 수 있는 비밀 기지가 만들어지고, 서래마을에 벙커가 만들어진 것도 모두 안보 차원에서 서울을 무장시키기 위한 방책이었습니다. 서울의 주요 빌딩 옥상에는 대공포가 배치된 빌딩 GOP가 설치되어 있지요. 반포

---

12 〈서울-인천 특정지역 대규모사업의 평가보고서〉, 대한국토 도시계획학회

대교 아래에 잠수교를 설치한 것도 북한의 공격으로 반포대교가 폭격당해도 잠수교가 살아남아서 군사적으로 기능하게 할 목적이었다고 전해집니다. 그래서 잠수교에는 안보교라는 별명이 붙었습니다.

경기도 과천의 서울대공원도 군사적인 목적에서 탄생했습니다. 미국과의 관계가 악화하자, 핵무기 같은 신무기를 자체 생산

| 사진 5 | 잠수교 일명 안보교의 준공 소식을 전하는 1976년 7월 15일자 《동아일보》 기사 〈잠수교 개통〉. "비상시 안보적인 역할도 할 수 있는 특수한 다리다"라는 설명이 보입니다.

할 수 있는 연구소가 필요해 이곳을 점찍은 것입니다. 하지만 북한의 미사일 공격이 도달할 수 있는 위치라는 사실이 밝혀져 연구소는 대전 근처로 옮겨갔고, 연구소로 점찍었던 부지에는 공원을 설치하게 되었습니다.[13]

---

13   손정목, 『서울 도시계획 이야기 4』 한울, 2019년

북한과 가까우면 위험하다?

대덕연구단지의 입지 기준

앞에서 언급한 대전 근처로 옮긴 연구소는 대덕연구단지를 의미합니다.

처음 대덕연구단지의 입지를 선정할 때 과학기술처는 "우수한 인력을 쉽게 확보하기 위해 무엇보다 서울에 가까운 지역에 있어야 한다"고 요구했다고 합니다. 그래서 화성·청주·천안 등이 우선적으로 고려되었습니다. 그런데 충청남도에서도 자기 지역을 추천하기에 일단 후보에 넣었습니다. 실무적으로 보기에는 여러 가지 측면에서 그렇게 높은 점수를 줄 수 없는 지역이었습니다. 하지만 "막상 박 대통령께 보고하니 서울 근교의 좋은 부지에는 전혀 관심을 갖지 않으시고 대덕을 선정"했습니다. 그 이유는 "군사적 시각에서 38선에서 가장 먼 부지"였기 때문이었다고 합니다.[14]

대덕연구단지의 입지를 둘러싼 위의 이야기를, 2019년 2월에 SK 하이닉스가 경상남도 구미나 충청북도 청주 대신 경기도 용인에 반도체 클러스터를 건설하기로 한 것과 아울러 생각하면 이런 결론이 도출됩니다. 이제 북한으로부터의 안보 위협이 상당히 줄어들었기 때문에 리스크 관리에 민감한 대기업들이 한반도 남부가 아닌 수도권을 선택하고 있다는 것이지요. 박정희 정권 때 구상된 행정수도의 규모가 크게 축소되어서 세종시라는 형태로 실현된 이유도 마찬가지일 것입니다. 안보 위협의 크고 작음이라는 관점에서 지방 균형 발전과 수도권 집중 현상을 해석할 수 있습니다.

일산신도시 건설에 담긴 신호

안보 위협이 줄어들고 있다는 신호는 여러 곳에서 감지됩니다. 가장 중요한 신호는 인천공항과 일산신도시였습니다. 1989년에 경기도 서북부의 고양시에 일산신도시를 건설하기로 발표하고, 1992년에 북한과 멀지 않은 영종도에서 인천공항 부지 공사가 시작되었습니다. 그 이전의 안보 상황에서라면 북한과 인접한 지역에서 이런 국가 프

---

14   대한국토 도시계획학회, 앞의 책, 김형만 인터뷰

로젝트를 추진할 리가 없었을 것입니다. 두 프로젝트 모두 노태우 대통령의 임기 중에 시작되었습니다. 노태우 대통령은 육군 대장 출신으로서 안보 상황을 그 누구보다 잘 파악하고 있고, 신도시가 들어설 예정인 일산 지역의 제9사단에서 근무한 적도 있었습니다. 그렇기에 이런 과감한 국가 프로젝트를 추진할 수 있었을 것입니다.

일산신도시를 건설하겠다는 계획에 대해, 애초에 군은 반대 입장이었다고 합니다. 일산은 당시만 해도 수도 방위의 최전방이었기 때문입니다. 군은 일산에 신도시를 건설하는 대신 부대가 옮겨갈 토지를 제공해줄 것을 요구했습니다. 또 신도시의 북서쪽 끝에 수로를 파서 북한의 탱크를 막을 수 있도록 하고, 북서쪽에 건설하는 아파트는 고층으로 해서 북서 방향을 향해 길게 일자 배치를 한 다음 옥상에 고사포대를 설치할 수 있도록 해달라는 요구도 했다고 합니다.

위의 이야기는 도시설계학자 안건혁이 『분당에서 세종까지』에서 밝힌 내용입니다. 실제로 1990년 8월 24일에 〈일산신도시 군사대비 계획 합의각서〉와 〈일산신도시 진지화개념 설계지침〉이 작성되었다는 사실이 훗날 확인된 바 있습니다. 그리고 일산신도시 이후에 지어진 신도시들도 기본적으로 군과의 협의하에 설계가 진행되고 있습니다. 한국의 안보 상황을 고려한다면, 이런 협의가 이루어지지 않는 것이 오히려 이상하지요.

1기 신도시를 건설하던 당시, 일반 시민들은 이런 협의가 이루어졌다는 사실을 알 수 없었습니다. 노태우 대통령이 파악하고 있는 정도의 국방 정보도 일반 시민들에게까지 공유되지 않았고요. 시민들은 6·25 전쟁 이후로 북한의 남침에 언제나 공포를 느껴왔습니다. 당시 일산신도시와 분당신도시의 아파트 가운데 어느 쪽을 구입할 것인가 고민한 사람들 중에는 "북한과 가까운 게 싫어서" 일산 대신 분당을 선택한 경우도 있었습니다. 그 뒤로도 일산신도시와 분당신도시의 아파트 가격은 점점 더 벌어졌는데, 저는 이렇게 가격 차이가 발생한 근본적인 이유도 북한으로부터의 거리 문제라고 생각합니다.

한강 남쪽보다 북쪽이 더 위험하다?

다만, 사람들이 한강 남쪽보다 한강 북쪽을 더 위험하다고 느끼는 것이 실제로 안보 위협이 크다는 뜻은 아닙니다. 저는 노태우 대통령이 일산신도시와 인천공항을 건설하고 북방외교를 펼친 시점에, 한국과 북한 사이에 재래식 무기 경쟁은 끝났다고 생각합니다. 그 뒤로 북한은 재래식 무기로 체제 경쟁하는 것을 포기하고 핵무기로 자위自衛하는 방향을 선택했다고 판단합니다.

2000년부터 파주시에 교하지구와 운정신도시가 건설되고 있지요. GTX-A도 운정까지 운행하게 되어 있습니다. 안보 위협이 크다면 실행될 수 없는 국가 프로젝트들입니다. 그래서 저는, 일부 시민이 본능적으로 위협을 느껴서 파주·고양을 피해 한강 남쪽에 주거를 마련하는 것이 무주택자인 저에게는 기회가 되어준다고 생각합니다.

파주와 고양을 답사하면, 특히 한강에 가까운 지역에서는 상당히 쾌적한 느낌을 받습니다. 수도권에서는 상대적으로 인구가 적은 지역이고 환경도 잘 보존되어 있는 편이기 때문에, 생활 인프라는 불편할지라도 자연환경적으로는 쾌적함이 있습니다. 개인적으로 가성비 좋은 주거를 이들 지역에서 마련하려는 생각으로 답사를 다니고 있습니다.

낙관하기 어려운
접경지역의 투자

재개발 비용이 핵보다 무섭다는 사람들

답사를 하다 보면 재개발·재건축에 반대하는 시민들이 게시한 벽보나 플래카드를 많이 봅니다. 이런 벽보나 플래카드는 시민들의 가장 깊숙한 곳에 있는 속마음을 그대로 드러내고 있어서 저의 관심을 끕니다. 현재 래미안 엘리니티 아파트가 지어지고 있는 서울시 동대문구 용두동에는 "북한 김정은은 청와대 핵폭탄 협박! 조합은 용두주민에게 수소폭탄 투하"라는 플래카드가 걸려 있었습니다.

또 재건축 문제를 둘러싸고 갈등이 한창인 서울시 강북구 미아동의 한 골목에는 "재개발의 잔치 빚은 늘어만 가는 이때 우리 조합의 대의원들은 지금 북한의 핵이나 경주 지역의 지진을 두려워할 때가

| 사진 6 | 서울시 동대문구 용두동에 걸려 있던 재건축 반대 플래카드. 2016년 7월. 카카오맵 로드뷰

아니다. 자신 발등의 불부터 꺼야 한다"라는 벽보가 붙어 있습니다. 재개발 비용이 북한 핵보다 무섭다는 주장이죠. 이런 문구들을 볼 때마다 저는 한국 시민들은 북한의 핵무기를 별로 무서워하지 않는다고 생각합니다. 북한이 핵무기를 만드는 것이 자위용인 탓이 클 것입니다. 지난 70년간 그랬듯이, 북한의 위협을 계속 의식하다가는 사회가 정상적으로 돌아갈 수 없다는 현실적인 판단도 작용했을 겁니다.

물론 다른 해석도 가능합니다. 아무리 안보 위협이 있어도 부동산 가격은 오르는 법이니까요. 아라비아 반도의 서남쪽에 자리한 예멘에서는 2014년부터 전쟁이 이어지면서 나라가 초토화된 상태고, 예멘의 수도인 사나도 연일 폭격을 받고 있는 상태입니다. 그런데 얼마 전 아랍권 뉴스를 보니, 그 사나에서도 부동산 가격이 폭등하고 있다고 하네요. 세계 어디서나 인간은 위기를 느낄수록 부동산과 금gold

같은 안전자산에 투자하는 법인가 봅니다.

개성공단과 금강산 관광 부활은 시기상조

안보 위협이 여전히 존재하고, 그것이 투자에 영향을 미친다는 가장 중요한 사례는 개성공단 폐쇄입니다. 2016년 2월 10일에 개성공단 가동을 중단한 박근혜 정부의 조치가 합헌이라는 헌법재판소의 판단이 지난 2022년 1월 27일에 내려졌습니다. 그 뒤로도 일부 시민은 개성공단이 부활할 수 있다고 믿었습니다. 절대로 그런 일은 없으리라는 선언을 하듯이 북한은 2020년 6월 16일에 개성의 남북연락사무소 건물을 폭파했고, 2022년 3월부터는 금강산의 해금강호텔을 철

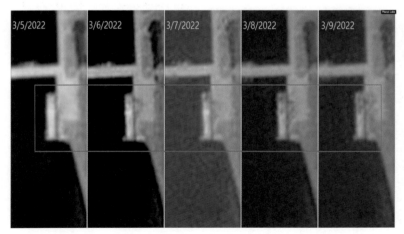

| 사진 7 | 2022년 3월 5일부터 금강산 해금강호텔이 철거되고 있는 모습을 보여주는 위성사진. VOA Korea

거하기 시작한 것으로 보입니다.

개성공단과 금강산 관광 모두 부활하지 않으리라는 사실을 이제
는 시민들이 모두 받아들여야 할 때입니다. 이렇게 분명한 신호가 거
듭 발신되고 있는데도 여전히 남북관계가 좋아지리라는 희망을 품으
면, 올바른 상황 판단이 되지 않아 투자에 나쁜 영향을 미칩니다.

요 몇 해 사이 한국 정부는 국가 프로젝트를 구상하면서 남북관
계에 대한 희망적인 판단을 제시하는 경우가 많습니다. 예를 들어,
2019년에 국토교통부가 제작한 〈2020~2040 제5차 국토종합계획 수
립을 위한 경기도 발전방향(안)〉에서는 추진 과제로서 '한반도 평화·
경제공동체의 거점 조성'을 제시하고 있습니다. 그리고 이 과제를 실

| 사진 8 | 〈2020~2040 제5차 국토종합계획 수립을 위한 경기도 발전방향(안)〉에 실린 '추진 과제'

천하기 위해 '통일경제특구 및 DMZ 평화생태벨트 조성'과 '한반도 유라시아 연결 교통 인프라 확충'이라는 두 가지의 구체적인 목표를 들었습니다.

이 자료집에는 한국과 북한 사이에 경의선, 경원선, 동해선이 연결된 모습의 지도가 실려 있습니다. 하지만 아시다시피 이들 연결계획은 모두 중단된 상태입니다. 혹시라도 정부가 발표한 이런 프로젝트 시안을 보고 투자하지 않으셨기를 바랍니다.

접경지역 투자가 여전히 위험한 이유

북한에서 가까운 지역을 '접경지역'이라고 합니다. 접경지역을 실제 답사하다 보면, 설사 접경지역에서 남북 교류가 본격화된다고 해도 너무 변수가 큽니다. 사실 정부도 그간 접경지역 개발에 유보적인 입장을 보여왔습니다. 1999년에 경기도가 작성한 〈경기북부·접경지역의 발전전략〉을 보면 '경기북부·접경지역 발전의 기본방향'이라는 항목에서 경기도는 통일 단계에 따라 단계별로 규제 완화를 추진하게 될 것이라고 밝힙니다.

> "냉전체제 해체 및 통일 전까지는 국가 안보를 위한 개발 규제가 불가
> 피하며, 남북 교류가 활성화되고 대립 국면이 완화되는 시점부터는
> 주민의 경제활동 편의를 고려한 규제 완화를 본격적으로 추진한다."

통일 및 남북관계 개선을 내세워 접경지역에 투자를 권하는 것은
일단 기획부동산이라고 간주해도 될 것입니다. 초장기적으로 투자하

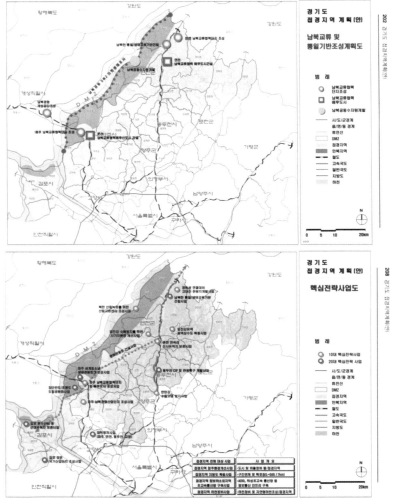

| 사진 9 | 〈경기도 접경지역계획(안)〉(2001)에 실린 〈남북교류 및 통일기반조성 계획도〉 및 〈핵심전략사
업도〉

는 것이라면 모르겠지만, 불확실한 남북 교류에 자신의 재산을 거는 일은 현명하지 않다고 봅니다. 접경지역에의 투자는 그만큼 불확실한 측면이 많습니다.

예를 들어, 민북民北마을, 즉 민간인출입통제선 북쪽에 자리한 마을들에서는 기획부동산이 광풍을 일으킨 바 있고, 토지 소유권을 둘러싸고 분쟁도 빈번히 일어났습니다. 민북마을은 원래 국유지가 아니라 소유주들이 존재하는 토지였습니다. 국가가 민통선을 긋고 그 북쪽 지역을 군사적으로 이용하다가 일부 지역에 마을을 조성하게 한 것이 민북마을의 시작이었습니다. 그곳에 정착한 시민들은 그 땅이 자신들에게 주어졌다고 생각하고 평생 일구어왔는데, 수십 년 뒤에 갑자기 원 토지소유자들이 나타나면서 소유권 분쟁이 발생한 것입니다. 법원은 원 토지소유자들의 손을 들어주었고, 민북마을 정착민들은 소작인의 처지가 되어버렸습니다. 이런 사정을 모르는 외지인이 부동산업자의 소개만 믿고 섣불리 들어갔다가는, 개발도 되지 않을 토지를 둘러싸고 소유권 분쟁에 휘말릴 위험까지 존재하는 것입니다.

거듭 말하지만, 남북관계는 단기적으로든 중기적으로든 좋아지지 않을 것입니다. 북한을 통해 한국 철도를 시베리아에 연결시키고, 북한을 통과하는 가스 파이프를 깔아서 러시아 가스를 수입해오자는 주장이 한동안 제기되었지만 현실은 어떻습니까? 유럽이 러시아 가스를 수입해서 쓰다 보니, 러시아가 우크라이나를 침공한 초기에 효과적으로 대응하지 못했습니다. 유럽의 경우와 마찬가지로, 러시아의 가스는 러시아와 북한이 한국을 위협할 무기가 될 수 있습니다. 열차나 가스 파이프보다 선박으로 수송해오는 것이 안전하고 저렴합니다. 한국은 북쪽 경계가 막혀 있는 섬이라고 생각하면 좋겠습니다.

물론 남북 화해 같은 거대한 명분을 내세워 지역 교통 인프라를 다지는 것은 지자체로서는 현명한 전략입니다. 원래 같으면 강릉선 KTX가 5년여 만에 준공될 수 없었겠지만, 평창올림픽이라는 국가적 프로젝트를 앞두고 있었기 때문에 계획대로 개통할 수 있었습니다. 경원선과 동해선도 북한 측의 철도와 연결시킨다는 명분을 내걸고 건설·개량하면 현지 주민분들께는 적지 않은 혜택을 줄 것입니다. 명분과 실리를 냉철하게 구분할 수만 있다면 문제는 없습니다.

군 공항 이전이 힘든 이유

군 공항이 과연 이전될까?

최근 전국의 대도시권에서 가장 논란이 되는 것은 군 공항을 옮길 것인가 하는 문제입니다. 대도시에서 집을 지을 곳이 부족하고, 특히 전투기가 발진하는 공항 주변에서는 소음 문제와 고도 제한 문제가 있다 보니, 군 공항을 외곽으로 옮기고 택지개발 하자는 주장이 제기되고 있습니다. 군 공항이 자리한 각 지자체는 어떻게든 군 공항을 다른 지자체로 옮기려 하고, 개발업자나 기획부동산들은 마치 공항이 조만간에 빠질 것처럼 선전하면서 물건을 홍보하고는 합니다. 공항을 둘러싼 일반 여론이 이렇게 좋지 않다 보니, 경기도에서는 "항공 이용 활성화를 위해서는 공항을 혐오시설로 이해하여 발생하는

민원 해소를 위한 제도적 보완, 필요성 홍보 등이 필요"하다는 보고
서를 제작해서 여론 환기를 제안하기도 했습니다.[15]

공항 이전 문제에 대한 저의 예상은 분명합니다. 김포공항과 성남
서울공항은 단기 또는 중기적으로 이전하지 않을 것입니다. 수원공
항은 김포공항·서울공항보다는 이전 가능성이 높지만, 이 또한 단기
적으로 일어나지는 않을 것입니다.

서울공항의 이전 가능성

우선 성남 서울공항을 봅시다. 군사적 목적을 띤 모든 공항이 그
렇듯, 이 공항도 있을 만해서 여기 있는 것입니다. 일반적으로 성남
서울공항이 언급되는 것은 국내외 귀빈이 이용할 때뿐입니다. 하지
만 이 공항은 "국가 비밀에 속하는 아주 중요한 일도 수행"[16]하는, 한
국 안보의 핵심적인 군사시설입니다.

특히 북한의 동향을 감청하는 업무를 성남 서울공항과 인근 군 부
대들이 수행하고 있다는 사실은 어느 정도 언론에도 공개된 사실입
니다. 성남 서울공항이 이전한다는 것은 한국의 대북 업무가 근본적
으로 조정되어야 한다는 것을 뜻합니다. 그리고 이 일대의 군 부대들

---

15   경기도, 〈2012~2020 경기도 종합계획 최종보고서〉
16   이정훈, 〈"뭐, 서울공항 옮기라고" 공군 술렁〉, 주간동아, 2008년 5월 13일자

이 전부 재배치되어야 한다는 것을 뜻합니다. 그러니 쉽게 이루어질 수 없는 일입니다.

수원공항의 이전을 둘러싼 복잡한 상황

수원공항은 "군사분계선에서 가장 가까운 공군기지로, 우리 영공에 적의 전투기가 접근할 경우 3분 안에 전투기를 출격"[17]시키는 군사시설입니다. 수원공항을 남쪽으로 옮기는 일은 북한 공군의 공격에 대한 한국군의 대응 속도를 늦춰서 중부 지방을 위험에 빠뜨릴 수 있습니다. 김포공항이나 성남 서울공항과 달리 수원공항에서는 쉴 새 없이 전투기가 이착륙하다 보니, 평일에 가면 그 소음이 상당함을 피부로 느낄 수 있습니다.

수원공항이 차지하는 면적도 꽤 넓어서, 카카오맵 스카이뷰로 보면 경부선 왼쪽에 뜬금없이 광활한 농지가 펼쳐져 있다는 느낌을 받을 수 있을 것입니다. 수원시 동부에 자리한 삼성전자 본사의 2~3배 규모입니다. 그렇다 보니 수원시의 원 중심이던 서부 지역의 개발이 늦어지고, 동부에 자리한 영통구 쪽으로 수원시의 중심이 옮겨가고 있습니다. 수원시청이나 경기도청의 고민이 이해되지 않는 것도 아닙니다.

---

17   한진희, 〈경기항공전이 열리는 수원비행장은?〉, 경기도뉴스포털, 2014년 10월 1일자

| 사진 10 | 카카오맵 스카이뷰 모드로 본 수원. 서남쪽에 광활한 농지가 펼쳐져 있습니다.

| 사진 11 | 수원공항을 등지고 수원역을 바라본 경관. 수원공항이 있다 보니 이렇게 군사용지가 아닌 곳도 개발이 제한되고 있습니다. 2020년 10월

현재 수원시 남쪽 화성시의 서쪽 끝인 간척지 화옹지구가 수원공항 예비 이주지로 결정된 상태입니다. 화성시청 측은 수원공항을 받을 수 없다는 입장이지만, 현재 수원공항의 소음 피해를 직접 받고 있

는 화성시 동부의 동탄신도시·진안신도시 등에서는 화성시청과 달리 이전에 찬성하는 입장이라고 합니다. 그래서 만약 수원공항을 화옹지구에 받을 것인지를 놓고 화성시에서 주민투표를 하면, 인구가 많은 동탄·병점 쪽에서 찬성 의견이 높게 나올 것으로 예상됩니다. 그래서인지 지난해 병점에 답사갔을 때, 수원공항 이전에 반대하자는 여론을 일으키기 위한 화성시청의 선전 문구가 버스정류장에 크게 붙어 있는 모습을 보았습니다.

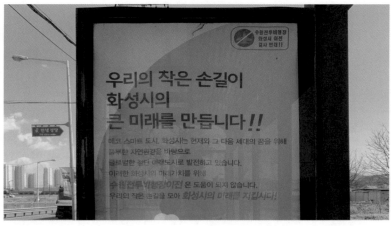

| 사진 12 | 수원공항을 화성시로 옮기면 안 된다는 내용의 선전 문구를 화성시 동부의 병점역 근처에서 보았습니다. 2021년 3월

특히 2021년 9월에 화성 진안·봉담3지구가 신규 공공택지로 확정되면서, 이곳에 신도시를 짓는 것은 수원공항 이전이 확정되었다는 신호가 아닌가 하는 해석이 나오고 있기도 합니다. 여러 지자체와 공

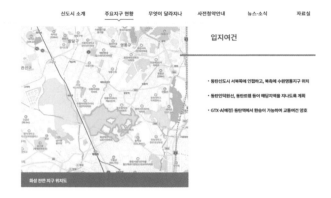

입지여건

- 동탄신도시 서북쪽에 인접하고, 북측에 수원영통지구 위치
- 동탄인덕원선, 동탄트램 등이 해당지역을 지나도록 계획
- GTX-A(예정) 동탄역에서 환승이 가능하여 교통여건 양호

화성 진안 지구 위치도

| 사진 13 | '3기 신도시' 웹사이트에 실린 화성 진안지구의 입지 여건 설명. 수원공항에 대한 언급은 보이지 않습니다.

공기관이 공동으로 제작한 '3기 신도시'라는 웹사이트에서는 '화성 진안'지구에 대해 여러 가지 호재를 설명하면서도, 이 수원공항에 대해서는 언급하지 않았습니다. 진안신도시의 어떤 주민은 "분양받을 때만 해도 법에 저촉되는 정도가 아니라는 설명을 들었기 때문에 괜찮은 줄 알았다"고 발언했습니다. 분양받기 전에 임장을 하지 않았거나, 전투기가 출격하지 않는 휴일에 찾아가신 것 같습니다. 역시 호재가 아닌 곳은 소비자·투자가가 몇 번이고 발품을 팔아서 확인할 수밖에 없습니다. 한국은 각자도생 사회입니다.

이렇게 화성시청 측의 주장에 불리한 상황이 되자, 최근 화성시 측에서는 수원공항을 유치하고 싶어 하는 지자체를 널리 공모하자는 주장을 펼치기 시작했습니다. 그러자 지난해 말에 충청남도 당진시가 이전을 희망한다는 의사를 표했고, 국방부 측도 전향적인 입장을 드러냈습니다. 경기도 서남쪽의 평택과 동남쪽 이천도 움직임을 보이기 시작했고요. 특히 이천시는 서울·성남·하남 사이에 자리하던 특수전사령부 등을 유치한 바 있어서, 만약 수원공항이 이곳으로 옮긴다면 군사도시로서의 위상이 강화될 것으로 예상됩니다. 최근의 추세가 민간공항과 군사공항을 통합하는 것이니, 이천시에 민군통합 국제공항이 건설될 수도 있겠습니다. 그렇게 되면 인천공항과 김포공항이 모두 서북쪽에 편중되어 있어서 그간 불편을 겪어온 지역의 시민들로서는 공항 이용이 한층 편리해질 수도 있을 것입니다.

아무튼 수원공항이 실제로 다른 곳으로 옮길 때까지는 상당한 기간이 소요될 것입니다. 수원시는 수원공항이 옮겨간다는 전제로 스마트폴리스 계획을 수립했는데, 벌써부터 스마트폴리스가 들어선다는 호재를 언급하면서 분양 광고를 하는 업체들이 나타나기 시작했

| 사진 14 | 가덕도 신공항 건설에 반대한 가덕도 현지 주민들이 내건 플래카드. "유권자 적은 게 천추의 한이다~? 유권자 만 명만 되어도 이런 개무시하겠나!"라고 적혀 있습니다. 2021년 5월

습니다. 공항 이전은 굉장히 어려운 문제입니다. 부산 가덕도 신공항을 둘러싼 극한 논쟁은 여기서 언급하지 않아도 될 것입니다.

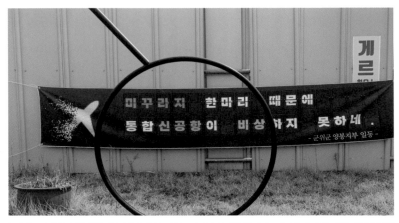

| 사진 15 | 대구·군위 통합이 무산된 데 분노하는 주민들이 내건 플래카드. "미꾸라지 한 마리 때문에 통합신공항이 비상하지 못하네"라고 적혀 있습니다. 2021년 3월

지난 2022년 2월에는 경상북도 군위군이 대구광역시에 편입된다는 전제로 대구경북 통합신공항을 군위·의성 지역에 설치하기로 합의되었다가, 안동·예천에 지역구를 둔 국회의원이 이에 반대하면서 무산된 일이 있었습니다. 3~4월 사이에 군위·의성을 답사했는데, 현지 곳곳에서 이 국회의원에 대한 분노의 목소리를 쉽게 접할 수 있었습니다. 판단은 여러분께 달렸습니다만 저 개인적으로는 공항이 옮겨간다는 전제로 하는 투자는 자산에 대단히 여유가 있는 게 아니라면 권하고 싶지 않습니다.

김포공항이 서울 서남부 발전을 막고 있을까?

한편, 성남 서울공항과 수원공항은 그렇다 치고, 김포공항은 정말 서울 서남부의 발전을 가로막는 존재일까요? 항공기가 이착륙하는 라인에 자리한 서울시 양천구와 부천시 일부 지역에서는 실제로 소음 피해가 적지 않습니다. 그렇다 보니 항공기 소음 피해를 입는 김포공항 인근 시민들은 국제선 증편에 반대하는 플래카드를 내거는 등 대책을 요구하고 있습니다. 반대로 소음 피해를 줄이기 위해 주민들을 이주시키려 하자 이에 반대하는 움직임이 일어나는 등, 김포공항을 둘러싼 갈등 도시의 양상은 현재진행형입니다.

최근 정부 및 서울시·인천시 등에서는 김포공항·청라·인천공항·송도를 잇는 에어 시티(Air-City: 공항복합도시, 항공대도시) 구상을 잇따라

| 사진 16 | 퇴거를 거부한 김포공항 주변의 주민이 살고 있는 집 위로 항공기가 낮게 비행하고 있습니다. 2020년 8월

내놓고 있습니다. "공항과 배후도시 지원 기능이 연계된 에어시티를 개발하여 공항 지원 기능 강화, 신규 항공 수요 창출 및 국가 신성장 동력 창출"[18]을 꾀한다는 것입니다. 또 민간에서도 비슷한 구상이 잇따라 발표되고 있습니다.

이런 구상에 발맞춰서 서울시 강서구는 1994년에 오늘날의 마곡 지역을 항공 관련 단지로 개발한다는 구상을 담은 도시기본계획을 발표한 바 있습니다. 그리고 이 구상은 실제로 진행 중입니다. 또 김포공항 이전보다 좀 더 현실적인 공항 주변의 고도 제한을 완화하는 안이 구상되고 있기도 합니다. 앞에서 언급한 것처럼 고도 제한 완화는 국제 기준의 변경이 필요한 사항이기 때문에 단기적으로 이루어지지는 않을 것입니다. 그럼에도 불구하고 저는 김포공항이 이전한다는 전제로 이야기되는 개발 계획이나 분양보다는, 김포공항과 공존한다는 전제로 이야기되는 고도 제한 완화 등의 정보가 좀 더 실현 가능성이 높다고 생각합니다.

---

18   대한민국 정부, 〈제5차 국토종합계획〉, 2019년

군 부대 이전 문제
: 평택 고덕신도시

안보시설의 이전 가능성

군 부대 같은 안보시설은 전략적으로 필요한 곳에 자리하고 있습니다. 있을 만해서 그곳에 있는 것입니다. 그렇기 때문에 안보시설을 옮긴다는 이야기를 너무 쉽게 받아들이면 안 됩니다. 호재라고 불리는 군 부대 이전설 가운데 상당수는 결국 거짓으로 밝혀집니다.

물론 위치를 바꾼 안보시설도 존재합니다. 최근에는 서울시 서초구에 있던 국군정보사령부, 서울과 고양의 경계에 있던 국방대학교, 서울·성남·하남의 경계에 있던 특수전사령부 등이 서울시에서 경기도·충청도 등으로 위치를 옮겼습니다. 용산의 국방부도 위치를 옮길 예정이지요.

| 사진 17 | 국방대학교가 이전한 고양시 덕양구 덕은동의 부지에서는 고양 덕은지구 개발이 이루어지고 있습니다. 2020년 3월

한편, 서울시 동작구에 있던 공군사관학교가 옮겨갔듯이, 서울시 노원구의 육군사관학교도 옮겨갈 가능성이 큽니다. 현재 국방개혁 2.0에 따라 군 부대를 재배치하거나 해체하는 논의가 활발히 이루어지고 있습니다. 대도시 시민들은 군 부대가 이전해주기를 바라지만, 군 부대를 중심으로 경제활동이 이루어지던 강원도 등에서는 시민들이 생존의 위협을 느끼고 반대 운동을 벌이는 것이 현실입니다. 이들 지역에서는 타 지역의 군 부대를 유치하려는 움직임도 활발합니다. 특히 육군사관학교는 인기가 있어서 거의 전국의 모든 도道에서 유치 운동을 벌이고 있습니다.

이처럼 군 부대가 다른 곳으로 옮겨가기까지는 숱한 논의와 많은 시간이 필요합니다. 하지만 워낙 '좋은 집'이 부족하다 보니, 이런 절차를 충분히 거치지 않은 채 택지개발을 하다가 어려움이 발생하고

| 사진 18 | 강원도 양구군청에 걸려 있던 2사단 해체에 반대하는 플래카드. 2019년 9월

는 합니다. 미군의 알파 탄약고가 아직 옮겨가지 않은 상태에서 분양
이 시작된 평택 고덕국제신도시도 그런 사례입니다.

1기 신도시와 마찬가지로 고덕국제신도시도 노태우 정권 시기에
구상되었습니다. 그 당시 한국과 북한 간의 관계가 다소 완화되자 접
경지역인 파주에 자유시를, 미군이 주둔하는 평택에 평화시를 건설
하겠다고 발표합니다. 파주의 자유시가 운정신도시와 통일동산이고,
평택의 평화시가 고덕국제신도시에 해당합니다. 도시설계학자 안건
혁에 따르면 고덕국제신도시 건설계획에는 '미군기지를 염두에 둔 것
으로 이해되는 내용'이 있었습니다. "외국인과 공존 및 발전할 수 있
는 새로운 도시 모델을 정립하겠다는 것"이지요.[19]

---

19   안건혁, 『분당에서 세종까지』, 한울아카데미, 2020년

이렇게 프로젝트의 구상만 들으면 미국인과 교류할 수 있는 국제 타운이 펼쳐질 것 같지요. 하지만 현실은 다릅니다. 2002년 6월 13일에 경기도 양주에서 신효순·심미선 두 명의 학생이 훈련 중이던 미군 전차에 압사한 사건을 비롯해 여러 건의 미군 범죄를 거치면서, 주한 미군 당국은 가급적 미군 및 가족이 한국 시민과 접촉하지 않도록 조치를 취하게 됩니다.

그렇다 보니, 미군이 평택으로 재배치될 때 또 한 번의 기지촌 특수를 노리고 경기 북부에서 평택으로 이주한 많은 상인은 낭패를 겪었다고 알려져 있습니다. 또 평택 근처에 새로운 기지촌이 형성될 것처럼 과장하면서 기획부동산들이 극성을 부리기도 했지만, 기지촌은 그렇게 형성되는 게 아니고, 또 그렇게 우아한 것도 아닙니다. 평택에 미군이 재배치된 것이 호재라고 선전하는 부동산 책자들을 제가 신뢰하지 않는 이유입니다.

고덕국제신도시와 탄약고 문제

고덕국제신도시의 경우에도 이름에는 '국제'가 들어 있지만, 실제로 미군과 교류할 기회는 별로 없습니다. 또 현재 고덕국제신도시의 아주 가까운 곳에 자리하고 있는 미군 부대는 옮겨갈 것을 요구받고 있는 실정입니다. 이 미군 부대가 알파 탄약고라 불리는 탄약 보관 부대이기 때문입니다.

| 사진 19 | 카카오맵 스카이뷰 모드로 본 평택 고덕국제신도시와 알파 탄약고. 야산으로 보이는 녹지가 펼쳐져 있을 뿐입니다.

| 사진 20 | 구글맵 위성 모드로 본 평택 고덕국제신도시와 알파 탄약고. 학교용지가 미군 부대와 아파트 단지 사이에서 완충지대처럼 자리하고 있습니다.

저도 군대에서 탄약고에 가봤는데, 만일을 대비해서 탄약고 사이에 간격을 널찍이 두고, 주변 민간 지역에 피해가 가지 않도록 지형적으로 철저히 배려합니다. 그렇기 때문에 저는 주변에 탄약고가 있는

것이 크게 문제라고 생각하지 않습니다만, 시민들이 실제로 불안을 느낀다면 그것은 그것대로 정치적·경제적으로 실체를 갖는 것입니다.

저는 대중교통을 이용해서 답사를 다니기 때문에 수도권전철 1호선·경부선 서정리역에서 버스를 타고 근처까지 갔습니다. 서정리역 주변은 평택시 동북부의 교통 중심지라, 고덕국제신도시를 비롯해서 평택시 동북부의 많은 곳으로 가려면 일반적으로 서정리역에서 출발합니다. 특히 최근 서정리역 주변의 옛 블록은 고덕국제신도시의 구도심 역할을 하고 있어서 주목됩니다. 거듭 강조합니다만, 어느 신도시나 구도심을 필요로 합니다. 서정리역 동쪽의 이충동에도 '고덕'이라는 단어가 들어간 아파트 단지가 보입니다.

LH가 처음 고덕국제신도시를 조성할 때에는 입주가 본격화될 즈음에 알파 탄약고가 다른 곳으로 옮겨갈 예정이었습니다. 하지만 군부대 이전은 계획대로 빠르게 진행되지 않으며 현재는 정확한 이전 시기를 예측할 수 없는 상황으로 보입니다. 주민들은 LH가 미군 탄약고 문제를 해결하지 않은 채 땅장사만 했다고 비판하고 있으며 쉽게 해결될 것 같지 않습니다. 군 부대와 연관된 택지는 발품을 팔아 많은 정보를 수집하고, 또 자주 임장하면서 최대한 보수적으로 판단하라는 말씀을 드릴 수밖에 없습니다.

참고로, 고덕국제신도시와 평택지제역 동쪽의 세교지구 사이에는 삼성전자 평택캠퍼스만 있는 게 아니라 송탄일반산업단지도 있습니다. 실제로 공단에 가서, 공해 상황이 어떤지 체크해보길 바랍니다.

| 사진 21 | 알파 탄약고와 아파트 단지. 2022년 3월

| 사진 22 | 고덕국제신도시를 개발하면서 폐쇄된 옛 구역에서 바라본 아파트 단지. 2022년 3월

| 사진 23 | 삼성전자 평택캠퍼스. 2022년 3월

군 부대 이전과 소유권 문제

군 부대가 다른 곳으로 옮겨가게 되어 그 부지를 개발할 때는 이전 시기가 늦춰진다는 문제 말고도 뜻밖의 위험이 존재합니다. 특히 미군 부대의 반환공여지는 징발 당시 토지 소유자들에게 정당한 보상을 하지 않았을 가능성이 있습니다. 그 후 군 부대 부지를 반환받은 지자체에서 이러한 사실을 모르고 사업을 추진하다가 원 소유자의 지적을 받고 뒤늦게 계획을 수정하는 일이 빈번합니다.

최근에는 부천시가 오정동의 군 부대가 이전한 뒤에 그 부지를 개발하는 계획을 세우다가, 예전에 토지를 징발당한 원 소유주들이 나타나는 바람에 계획을 변경하는 일도 있었습니다. 1955년에 사유지를 징발해서 미군 부대 캠프 머서Camp Mercer가 주둔하다가 1993년부터는 한국군이 주둔했으며, 2020년부터 군 부대 이전 공사가 착공된 상태입니다. 그런데 토지를 징발당한 소유주의 아들이 징발 증명서를 제시하면서 부지 개발계획을 변경하게 된 것입니다.

이 징발 증명서에는 1955년 11월 15일에 육군참모총장 육군 대장 정일권이 서명했다는 내용이 있습니다. 워낙 오래전의 일이어서 미처 사태를 파악하지 못했다는 것이 부천시의 해명입니다만, 국가가 군사적 목적으로 사용하기 위해 사유지를 징발했다가 문제가 발생한 곳은 민북마을뿐만이 아니었던 것입니다. 아직 확인된 바는 없는 듯하지만, 19세기 말에 일본군이 토지를 수용한 이후 미군이 이어받아서 사용 중인 용산 미군기지에도 비슷한 문제가 존재할 가능성이 있습니다.

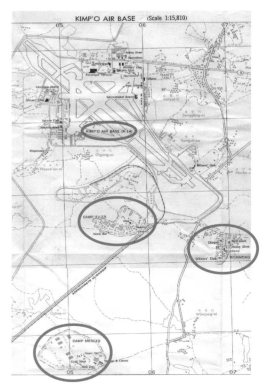

| 사진 24 | 캠프 머서가 주둔하던 시절의 부천시 오정동 일대 지도. 군 공항으로 사용되던 김포공항(K-14)을 방어하기 위해 캠프 머서, 캠프 리치몬드, 캠프 에일러가 주변에 배치되어 있는 모습을 확인할 수 있습니다.

2005년에 경기 연구원이 작성한 〈반환공여지의 효율적 활용방안〉에서도 반환공여지의 소유권 이전 문제가 논의되고 있습니다. 지자체 측에서는 원 소유자에게 소유권을 이전하면 안 된다는 입장을 보이고 있는데, 사실은 원 소유주로부터 반환공여지를 매입할 자금이 부족한 것이 현실임이 지적되고 있습니다.

군 부대 이전 시
토양 오염 문제

미군 부대 부지의 토양 오염

미군기지를 이전한다고 하면 거의 반드시 나오는 이야기가 '토양 오염'입니다. 경기도 파주시 조리읍 봉일천리의 캠프 하우즈, 의정부시 금오동의 캠프 시어즈, 인천시 부평구의 캠프 마켓 등 서울·경기도 지역에 주둔하던 미군 부대 부지의 토양이 오염되어 있다는 뉴스를 자주 접할 것입니다.

또 1969~1971년 사이에 포항에서부터 의정부까지 건설된 한국종단송유관은 경부고속도로를 따라 남에서 북으로 올라와서는, 성수대교 아래에서 한강을 수중으로 통과해 의정부의 캠프 시어즈까지 올라갔습니다. 이 한국종단송유관은 설치한 지 50년이 되면서 노후화되었습니다. 특히 한강 수중 폐송유관에서 기름이 한강으로 흘러나올 우려가 있어서 2014년 5월 13일에 이 구간의 파이프를 철거하는 작업이 이루어졌습니다.

| 사진 25 | 여전히 토양 정화 작업 중인 파주시 조리읍 봉일천의 캠프 하우즈 부지. 2018년 3월

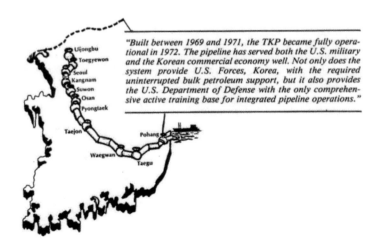

| 사진 26 | 건설 당시의 한국종단송유관 현황. 〈Defense Fuel Supply Center〉《Fuel Line》, 1985년 여름호

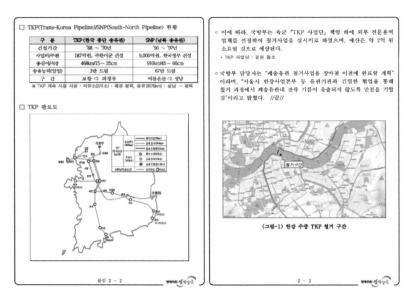

| 사진 27 | 2014년 시점의 한국종단송유관 현황(좌)과 2014년 5월 13일에 철거된 한강 수중 폐송유관 (우). 2014년 5월 12일 국방부 보도자료 〈폐송유관 한강구간 철거〉.

한국군 부지의 토양 오염 실태는?

그런데 평소에 안보 문제에 관심 있는 제가 보기에, 한국 시민들은 미군 부대의 토양 오염은 걱정하면서 한국군 및 한국 공장·광산에 의한 토양 오염에는 무감각한 이중적인 태도를 갖고 있습니다. 토양 오염은 특정한 국적의 부대만 일으키는 게 아닙니다. 녹색연합은 2008년에 〈한국군 토양오염 정밀조사 보고서〉를 작성해서 누구나 볼 수 있게 온라인에 공개했는데 이 보고서만 봐도 한국군 부지의 토양 오염 실태를 쉽게 확인할 수 있습니다. 접경지역에 군 부대가 다수 주둔하는 경기도에서도, 장기적으로 군 부대가 철수한 뒤에 그 부지를 환경친화적으로 재이용할 수 있도록 "군 부대 지역에서 배출되는 오수 등 수질오염물질과 폐유류, 탄약 등의 토양오염물질을 목록화하고 관리 기준을 마련"[20]해야 한다고 이미 1999년에 제안했습니다.

세종시 소정면 소정리에 주둔하던 33유류지원대가 부대를 옮기고 나서 그 부지를 민간에서 재활용하려고 했는데, 토양이 오염되어 있어서 사업이 진행되지 못하고 있다는 언론 보도도 있었습니다. 이 부대는 한국군이 사용하는 유류를 검사·관리·보급하는 곳이었다 보니 토양 오염이 일어났습니다.

| 사진 28 | 세종시 소정면에 주둔했던 군 부대의 부지. 2021년 4월. 카카오맵 로드뷰

---

20   이정훈 외 12인, 〈한반도 신경제구상과 경기북부 접경지역 발전 전략〉, 경기연구원, 2019년

당연히 국방부는 2013~2015년 사이에 토양 오염 정화 작업을 진행했지만, 그 작업이 불충분해 해당 부지는 공장·주차장·주유소·도로·철도 등의 특정한 용도로만 사용할 수 있는 상황입니다. 그래서 한국종단송유관이 출발하던 포항의 캠프 리비도 현재 주차장으로 사용 중입니다. 이런 지역을 밭·과수원·학교·임야·창고·유원지 등으로 사용하려면 지금보다 오염 정도가 개선되어야 합니다. 군 부대가 이전한 부지와 그 주변 토지를 거래할 때 조심해야 하는 이유입니다.

| 사진 29 | 포항의 캠프 리비 부지는 현재 주차장으로 사용되고 있습니다. 2021년 8월

경상남도 창원에서도 1955년부터 60년간 주둔하던 39사단이 이전한 부지의 일부 구역에서 토양 오염이 심하다는 사실이 확인되었습니다. 분양업체가 정밀 조사나 정화 작업 없이 아파트 분양을 시작하면서 논란을 빚었는데, 아파트 공사를 시작하기 전에 토양 정화 작

업을 잘 끝마쳤기를 바랄 따름입니다. 인천 용현동에서도 미군유류보급창을 1968년부터 대한석유공사가 인천저유소로 사용하다가 물류창고로 용도를 바꾼 곳이 있는데, 그 부지는 현재 대한석유공사의 후신인 SK에서 아파트를 지은 상태입니다. 이 부지에 한동안 부천유공축구단·SK야구단의 연습장이 있었으니, 선수들의 건강에 영향을 미치지는 않았을지 걱정됩니다.

군 부대 주변 토지 거래 시 반드시 토양 오염을 확인하라

이렇게 미군 부대의 부지뿐 아니라 한국군 부대의 부지도 오염되어 있다는 사실은 당연히 미군 측도 파악하고 있습니다. 2019년 6월 21일자 《뉴시스》 기사 〈서울 산속 군 부대 저유고 기름유출 우려 확산〉은, 서울시 서초구 서초동의 옛 국군정보사무소 부지의 토양이 유류에 오염되었다는 사실이 확인되었음을 전하고 있습니다. 이 기사에서는 앞으로 한국군 부대에서 이런 문제가 전반적으로 확인될 가능성이 있다며 "판도라의 상자가 열렸다"는 관계자의 표현을 전하고 있습니다. 이런 사실이 관계자들 사이에서 널리 알려져 있다 보니, 용산 미군기지를 반환받는 과정에서 토양 오염 문제를 거론하는 한국 측에 대해 "너희도 오염이 심한데 왜 유독 우리한테 그러냐"라고 미국 측이 대응하는 장면도 있었다고 하네요.

저는 여기에서 민족이나 국가 같은 이야기를 하려는 게 아닙니다. 군 부대의 토양 오염은 국적을 가리지 않는다는 사실을 말씀드리고 싶은 겁니다. 한국 언론이나 일부 시민단체들이 미군 부지의 토양 오염을 집중적으로 부각시키다 보니, 투자자분들이 냉철하게 사태를 파악하는 데 지장이 생길 우려가 있다는 말씀을 드리는 것입니다. 군 부대 부지 및 그 주변 토지를 거래할 때에는, 그 부대가 미군이었든 한국군이었든 토양 오염의 우려가 있다는 사실을 인식하고 신중하게 접근하면 좋겠습니다.

공장 부지와 토양 오염

집값만큼 중요한 땅의 오염도

인천이나 창원에서 군 부대가 이전하고 난 뒤 토양 오염을 제거하고 아파트를 분양했다는 이야기를 앞서 언급했습니다. 이들 아파트에 입주한 시민분들은 물론 이런 사실을 잘 알고 있으리라 믿습니다. 이사를 할 때에는 미래에 집값이 오를까만 보지 말고, 그 집과 땅에 문제는 없는지도 미리 조사해보는 습관을 들이는 게 좋겠습니다.

SK에서 아파트를 지은 인천 용현동에서 조금 남쪽으로 내려오면 옛 동양제철화학(현 OCI) 공장 부지가 나타납니다. 이 지역에서는 현재 도시개발사업이 추진되고 있는데, 그 과정에서 토양 오염 문제가 드러나서 십수 년째 논란이 이어지고 있습니다. 토양 오염 자체도 심각하고, 오염물질을 처리하는 과정에서 인천시 미추홀구가 업체 측에 특혜를 주었다는 논란도 있습니다. 업체에 특혜를 주어도 좋으니, 토양 오염은 철저하게 처리한 뒤에 아파트 단지를 분양하는 것이기를 바랍니다.

| 사진 30 | 인천 학익동의 옛 동양제철화학 부지. 2018년 10월

이 공장 부지와 인근에 도시개발사업을 추진하는 사실을 전하는 일부 중앙 언론에서는, 현지의 이런 사정을 몰라서인지 다른 사정이 있어서인지 토양 오염 사실을 전하지 않습니다. 이런 정보는 투자자나 미래의 입주자가 직접 발품을 팔아 확인할 수밖에 없습니다.

| 사진 31 | 옛 공장 부지에서 오염토양 정화사업을 실시하고 있음을 알리는 〈특정공사 사전신고 증명서〉. 2020년 1월

토양 오염을 둘러싼 분양 및 거주 문제

경상남도 창원에서도 한국철강 부지를 인수한 건설사가 토양 오염 개선사업에 시간을 너무 많이 들이다가 분양에 문제가 생겨서 "결국 전체 분양 계약을 해지한 후 전체 미분양 상태에서 아파트를 짓기 시작"[21]한 사례가 있었습니다. 창원에서 한국철강 부지를 인수한 이 건설사는, 경기도 남양주시 도농역 인근의 옛 원진레이온 공장 부지를 인수해서 아파트 단지를 짓는 등 "폐기물 매립지나 오염된 공장 부지를 싸게 매입한 뒤 대규모 주택단지를 조성해 수익을 내는 방식"[22]으로 사세를 키워왔다는 평가를 받기도 합니다.

또 인천시 연수구의 옛 송도유원지 일대에 테마파크를 지으려다가, 예정지에서 비소 등의 물질이 기준을 초과해서 검출되는 일도 있었습니다. 해당 구청이 정화명령을 내리자 이 건설사는 2019년 3월에 명령 취소 청구를 냈는데, 2021년 8월에 대법원에서는 이 청구를 기각했습니다.

인천에서 송도보다 문제가 더 심각한 곳은 서구의 청라지구입니다. 신도시 바로 인근에 수도권매립지, 공단, 발전소 등이 자리하고 있다 보니, 이들 시설에서 발생하는 악취·매연·대기오염물질이 입주민을 괴롭히고 있는 것입니다. 이 사실을 특집 보도한 2011년 2월 24일

---

21 한지은, 〈창원 월영부영아파트 통째 미분양 4천300가구 털어낸다〉, 연합뉴스, 2019년 12월 5일자
22 반기웅, 〈부영은 왜 오염된 땅을 좋아하나〉, 경향신문, 2018년 2월 24일자

자 《아시아경제》 기사에 따르면, 주민들은 "이런 곳에 어떻게 인구 9만 명이 집단 거주하는 신도시를 허가해줬는지 모르겠다"며, "집값 떨어져도 할 수 없다. 할 말은 해야겠다"는 의지를 드러냈다고 합니다.

한국에서는 시민들이 집값이 떨어지는 모든 행위를 피하려다 보니 웬만큼 문제가 있어도 다들 쉬쉬하면서 넘어가는 분위기가 있습니다. 어떻게든 집값을 유지하다가 집을 팔고 다른 데로 떠나가는, 일종의 폭탄 돌리기 같기도 합니다. 하지만 입주민들이 느끼기에 워낙 문제가 심각하다 보니, 입주 초기 주민들은 "청라국제도시 조성은 대국민 사기극"이라는 강경한 표현까지 쓰며 대책을 모색했던 것입니다. 《아시아경제》의 취재에 응한 최재우 청라아파트연합회 대외협력국장은, 발전소·매립지·주물단지 등이 모두 예전부터 있던 기반시설이기 때문에 이전·폐쇄가 쉽지는 않겠지만 최대한 대책을 마련해달라는 호소를 했습니다.

이 청라 시민분의 말처럼, 기존에 시설이 먼저 있었고 아파트 단지가 나중에 들어서다 보니 문제 해결에 어려움이 있는 것은 사실입니다. 서울과 안양의 경계인 석수동에서도 1970년부터 운영되던 비누·아스콘 공장 주변에 2002년부터 아파트 단지가 입주하면서 환경문제가 제기되었습니다. 공장 측의 입장은 "설립 당시 정당한 허가를 받고 사업을 시작했는데 후에 주거단지가 생기면서 생긴 문제"라는 것이고, 주민 측의 입장은 그럼에도 불구하고 공해 피해가 크기 때문에 공장을 옮기거나 폐쇄해달라는 것입니다. 경기도에서는 애초에 이 공장을 옮기고 공공주택을 지으려다가 공원을 짓기로 계획을 변경했는데, 아직도 법적 논란이 이어지고 있다 보니 이러한 일련의 과정은 아직 시작되지 않은 상태입니다.

제가 보기에는 애초에 공장 바로 옆에 아파트 단지 건설을 허가한 해당 관청 측에 문제가 있는 것 같습니다. 공장을 이전시킨 뒤에 공공주택을 지을 계획도 있었던 것으로 보아, 해당 관청은 그 뒤로도 문

| 사진 32 | 안양 석수동의 아스콘 공장은 저 산 너머에 자리하고 있습니다. 2020년 9월

| 사진 33 | 석수동 아스콘 공장의 이전·폐쇄를 요구하는 주변 아파트 단지의 플래카드. 2020년 9월

제의 심각성을 잘 이해하지 못한 게 아닐까 하는 의심이 듭니다.

한편, 인천시 서구 지역의 공해 문제는 청라신도시 입주민들이 들고일어나기 전부터 인근 농촌 지역에서 심각한 피해를 유발시키고 있었습니다. 서구 왕길동 사월마을·안동포마을 등은 신도시가 들어

| 사진 34 | 사월마을을 포위한 공장들. 저 멀리 검단신도시가 보입니다. 2020년 1월

| 사진 35 | 수도권매립지, 안동포마을, 사월마을, 검단신도시의 위치 관계. 카카오맵 스카이뷰

서기 전부터 이미 각종 공업시설에 둘러싸여 공해 피해를 입어왔습니다. 인구가 많지 않아 귀 기울이는 사람이 적었을 뿐입니다. 그러다가 청라지구가 건설되고, 사월마을 근처에서 검단지구도 개발되다 보니 피해 대상자가 늘어나면서 문제가 표면화된 것입니다.

토양 오염을 둘러싼 분양 및 거주 문제

부지의 토양을 오염시키는 원인은 공장뿐만이 아닙니다. 모두들 잘 알고 있겠지만, 광산 주변의 토양 오염도 심각합니다. 그중 수도권에서는 경기도 광명시의 가학광산과 화성시의 삼보광산이 대표적입니다. 1978년 4월 5일자 《동아일보》는 1면에 대문짝만하게 〈시흥 일대 농토 120만 평 중금속 오염〉이라는 기사를 내걸었습니다.

1916~1973년 사이에 운영하다가 폐광된 가학광산에서 30년간 폐수가 흘러나와서, 깨끗한 지역의 51배까지 카드뮴에 오염되어 있다는 사실이 드러났다는 것입니다. 카드뮴에 중독되면 뼈가 부스러지는 이타이이타이병이 발생할 수 있습니다. "당시 광명에서 생산된 쌀이나 채소가 팔리

| 사진 36 | 1978년 4월 5일자 《동아일보》 1면 기사 〈시흥 일대 농토 120만 평 중금속 오염〉

지 않아 정부가 수거해가고, 주민들은 땅값 폭락으로 아파도 드러내 놓고 말도 못 했다"고 지역 주민은 증언합니다.

참고로, 폐광 주변의 논에서 수확된 쌀이 전국에 유통되다가 적발된 사례는 지난 수십 년간 끊이지 않았고, 최근에는 용인시에서도 건설폐기물을 불법으로 매립·성토한 농지에서 생산된 농산물의 유통을 제한하는 일이 있었습니다. 여러분이 토양 오염에 관심을 가져야 하는 이유는 토지를 구매하거나 아파트를 분양받을 때 피해를 입지 않기 위해서뿐만이 아니라, 이렇게 오염된 농토에서 재배된 농작물을 구입하는 일을 피하기 위해서이기도 합니다.

그 후 토지 정화 작업을 거쳐 가학광산은 광명동굴이라는 이름의 광산 테마파크가 되었습니다. 주변 지역은 3기 신도시 광명시흥지구로 지정되었고, 광명시흥테크노밸리·광명학온공공주택지구 등도 조성될 예정입니다. 이 지역의 토양 오염은 물론 충실히 정화 작업이 이루어졌으리라 믿습니다만, 투자하기 전에 충분히 사전에 조사할 것을 추천드립니다.

또한, 이 지역에 관심이 있다면 알아두어야 할 것이 두 가지 있습니다. 우선, 광명동굴 바로 옆에는 광명시 자원회수시설이 있고, 이 지역에서 목감천을 건너면 안보적으로 상당히 중요한 군 부대가 자리하고 있습니다. 이 두 가지는 광명시흥지구를 개발하거나 이곳에 투자할 때 반드시 검토되어야 하는 요소입니다.

| 사진 37 | 광명동굴과 광명시 자원회수시설. 2019년 3월

| 사진 38 | 이 일대는 2021년에 정국을 뒤흔든 LH 직원들의 투기 사건이 발각된 곳입니다. 사진은 보상을 노리고 보상가가 높은 나무를 심은 맹지입니다. 당시 뉴스에 많이 나온 토지이지요. 2021년 3월

| 사진 39 | 시흥시 과림동 주민센터에 3기 신도시를 둘러싼 LH 직원들의 비리를 규탄하는 모임, 그리고 토지 강제 수용에 반대하는 토지주들의 모임을 알리는 플래카드가 걸려 있었습니다. 2021년 3월

광산으로 인한 토지 오염

한편 화성시 봉담읍에는 삼보광산이라는 시설이 있었습니다. 국가 광물자원 지리정보망에 아연·납·중정석을 채광한다고 안내된 이 삼보광산은, 광산에서 흘러나온 오염물질이 지역 농토를 심각하게 오염시켜서 큰 문제가 되어왔습니다.[23] 정부는 마을 주민들을 이주시

23 김상현 외, 〈삼보 연-아연-중정석 광산 주변 하상퇴적물에서의 중금속 오염 연구〉《광산지질》, 1993년, 26쪽
    정구복 외, 〈삼보광산 하류수계의 계절별 수질 변화와 오염도 평가〉《한국환경농학회지》, 2008년 27쪽
    정구복 외, 〈삼보광산 수계 하천수질 및 퇴적토의 오염도 평가〉《Korean Journal of Environmental Agriculture》, 2012년 31쪽
    이현경 외, 〈Eco-mine planning & design 화성시 삼보광산을 중심으로〉《한국조경학회 2006년도 춘계 학술논문발표회 논문집》, 2006년
    윤경욱 외, 〈삼보광산 광산폐기물 적치장의 침출수 발생현황 및 하류수계의 오염도 평가〉《한국자원공학회지》, 2020년, 57쪽

키고 농산물은 수거해서 소각했으며, 광해 방지사업도 계속되고 있습니다. 광산 주변에는 지금도 광부들이 머물던 사택단지가 폐허로 남아 있습니다.

그런데 이 사택단지에서 동쪽을 바라보면 봉담신도시가 보입니다. 지역 언론들의 보도에 따르면, 일부 지역의 시행사는 아파트를 홍보하면서 이러한 토양 오염 사실을 밝히지 않았으며, 화성시 측도 이러한 사실을 명확히 공지하는 등의 조치를 취하지 않은 것 같습니다. 정부나 개발업자들은 택지를 개발할 때 호재는 최대한 드러내고 악재는 가급적 강조하지 않는 태도를 취하고는 합니다. 어떤 언론사의 인터뷰에 응한 현지 부동산 관계자는 이렇게 말합니다.

> "내 집 마련을 하려는 사람들은 꼭 자세하게 지역을 확인해보고, 그래도 분양받는 것이 낫다 판단되면 분양을 받기를 바란다. 분양받은 후 후회하는 모습은 없어야 하지 않겠나 싶다."[24]

거액이 오고가는 부동산 거래를 하기 전에 신중히 임장하는 것은 기본 중의 기본이라는 사실을, 봉담읍 일대를 들여다보면서 다시 한번 확인합니다.

---

24   이준혁, 〈위시티 데자뷰 '봉담자이 프라이드시티', 동탄역 디에트르가 눈에 '아른 아른'〉, 스트레이트뉴, 2021년 6월 17일자

이미 이 지역에 입주하기로 한 시민들도 삼보광산의 심각성을 잘 파악하고 있어서, 지난 2022년 2월에도 주민 의견 청취 간담회가 열리는 등 꾸준히 문제 제기가 이루어지고 있습니다. 이날 간담회에 참석한 주민들은 "내리지구가 조성되면서 시행사가 입주 예정자들에게 인근 폐광산 존폐 여부를 공지하지 않았다"는 문제를 제기했다고 합니다. 만약 삼보광산에 의한 토양 오염 문제가 인허가 과정이나 분양 홍보 과정에서 충분히 전달되지 않았다면, 향후 법적으로 문제가 될 수도 있겠다는 의견이 많은 것으로 보입니다.

| 사진 40 | 경기도 화성시 봉담읍 삼보광산 사택단지. 사택 너머로 신축 중인 아파트 단지가 보입니다. 2019년 12월

어떤 지역에서 개발사업이 이루어지거나 특정 건물을 광고할 때

| 사진 41 | 광해 방지사업이 이루어지고 있는 옛 삼보광산 입구에 게시된 사업 안내판. 2019년 12월

에는 관공서나 업자 모두 호재를 강조합니다. 그 땅에 어떤 자연적·인공적인 위험 요소가 있고, 그 주변에 주의해야 하는 어떤 시설들이 있는지를 솔직하게 설명해주는 광고 같은 건 없습니다. 그러니 현장에 가서 주변 시설들을 꼼꼼히 살피고, 인터넷 등에서 그 지역·건물의 주소와 '산사태', '연약지반', '지반 침하', '토양 오염', '공장', '공해', '군 부대' 등의 키워드를 함께 넣어서 꼼꼼히 검색해보기 바랍니다. 이것이 여러분의 건강과 재산을 지키는 길입니다.

·4장·

삶과 집값을 붕괴하는 재난 위험

집값 떨어질까 봐
감춰둔 재난 요소

집값 떨어져도 할 말은 해야겠다

지금까지 군대와 공장이 발생시키는 토양 오염·공해 등을 살펴보았습니다. 인천시 서구의 청라신도시나 안양 석수동 주민들의 경우에는 워낙에 상황을 심각하게 인식하다 보니 "집값 떨어져도 할 수 없다. 할 말은 해야겠다"는 각오로 문제를 제기했습니다.

공해뿐 아니라 부실시공에 따른 안전 문제, 지반 침하와 산사태 등 여러 가지 재난 요소가 주거와 토지를 위협할 수 있습니다. 하지만 많은 경우는 이런 문제가 있어도 집값·땅값 떨어질까 봐 쉬쉬하는 분위기가 감지됩니다. 또는 아예 이런 것이 왜 문제가 되느냐 하는 반응을 접하기도 합니다. 그렇게까지 일일이 신경 쓰면서 살아야 하냐는 말씀을 진지하게 하는 분들도 많이 봅니다.

저는 워낙에 자연재해 및 그에 따라 발생하는 도시의 위험 요소를 심각하게 인식하는 일본에서 유학했다 보니, 한국 시민들의 이런 모습이 낯설게 느껴지기도 합니다. 특히 아파트 단지는 평생 살 집이라는 인식이 약해서 그런 것일지도 모르겠지만, 2년짜리 전세를 살아도 내가 사는 사이에 심각한 재난이 발생해서 목숨이 위험해질 수도 있는데 좀 너무다 싶은 느낌을 받을 때가 있습니다.

북한이라고 하는 최대의 재난 요소를 근처에 두고 70년을 지내왔으니, 그 밖의 위험 요소는 어느 정도 자포자기의 심정으로 받아들이고 있는 걸지도 모르겠습니다. 하지만 저는 서울시 서초구 반포에서 10~20대를 보내면서 1994년 10월 21일의 성수대교 붕괴와 1995년 6월 29일의 삼풍백화점 붕괴 사고를 아주 가까이에서 접했습니다. 이 두 사건을 겪고 나서, 북한의 위협이라는 안보 문제만큼이나 재해·재난에 대해서도 민감하게 대응하는 태도를 몸에 익히게 되었습니다.

재난 정보 서비스, 해저드 맵

그러다가 일본에 가서 '해저드 맵Hazard map'이라는 존재를 알게 되었습니다. 내가 사는 지역에서 일어날 수 있는 홍수·토사 붕괴 등의 위협 정도를 아주 구체적으로 파악할 수 있는 서비스입니다. 국토교통성 국토지리원에서 '해저드 맵 포털ハザードマップポータルサイト'이라는

사이트를 개설해서 각 지역의 재난 정보를 실시간 공개하고 있고, 서점에서도 해저드맵 관련 도서가 베스트셀러가 되었습니다.

제가 유학 때 살던 도쿄도 히노시의 예를 들면, '해저드 맵 포털'에서 지역을 설정해서 검색하면 히노시청에서 운영하는 재난 정보 사이트로 접속됩니다. 그리고 히노시청에서 공개한 '히노시 토사 재해 해저드 맵'에서 제가 살던 다카하타다이 UR아파트 단지의 해저드 맵을 클릭하면, 사진의 동그라미 부분에서 볼 수 있듯이 급경사지 붕괴와 산사태 위험도가 각각 '경계'와 '특별경계'의 2단계로 구체적인 위치에 표시되어 있습니다.

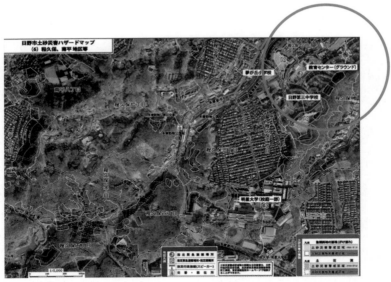

| 사진 1 | 일본 국토교통성에서 운영하는 '해저드 맵 포털'에서 제가 유학 때 살던 동네의 위험도를 확인해 보았습니다.

| 사진 2 | 도쿄도 히노시 다카하타다이단지 73동. 호수를 매립해서 조성한 연약지반에 세워진 건물이어서 결국 철거되었습니다. 2009년 4월

산사태 위험 지역이 숲세권?

한국 같으면 아파트 바로 옆이 절개지여서 창문 바로 옆에 옹벽이 보이면 '숲세권'이라고 광고할 것입니다. 또 관공서에서 여기를 산사태 위험 지역이라고 지목하면 '집값 떨어진다'는 항의가 빗발치겠지요. 하지만 상황이 너무 심각하면 주민들도 더 이상 견디지 못하고 문제를 제기하기도 합니다.

최근에는 높이 50m, 길이 300m의 옹벽 가까이에 지어진 성남시 백현동 모 아파트 단지의 주민들이 안전 문제를 제기해서 성남시와 시행사 간에 소송이 진행 중입니다. 한 언론사에서는 이 아파트의 분양 당시 "모형도상으로는 옹벽이 높지 않게 보이지만 실제 현장에서는 아파트 11층에서도 옹벽이 바로 앞에 보일 정도로 높다"는 점을 지적하기도 했습니다.[25] 만약 이것이 사실로 증명된다면 과장 광고라는 지적이 나올 수도 있겠습니다.

일본의 '히노시 토사 재해 해저드 맵'으로 돌아오면, 제가 살던 때 붕괴 위험이 있다는 경고가 있던 73동 고층아파트 건물은 그 사이에 헐려서 공원이 되었습니다. 이 73동은 호수를 매립한 땅에 세운 것이어서 지반 침하와 지진 위험이 있다는 지적이 있었습니다. 제가 살았던 아파트는 다행히 위험도가 높지 않았네요.

또 국토지리원에서는 '디지털 표고지형도デジタル標高地形図'를 지리학 전공자가 아닌 일반인도 알아볼 수 있는 형태로 공개하고 있습니다. 이 디지털 표고지형도를 보면, 내가 살고 있는 곳이 바닷물의 높이에서 얼마나 높고 낮은지를 한눈에 알 수 있습니다. 도쿄 도심의 동쪽 지역인 스미다가와 강과 아라카와 강 주변 지역은 강보다도 해발이 낮습니다. 강물이 넘치거나 쓰나미(지진해일)가 발생하면 그대로 물에 잠긴다는 뜻입니다.

국토지리원에서는 1:25,000 축적 수준으로 디지털 표고지형도를 공개하고 있습니다. 내가 살고 있는 바로 그곳이 해발 몇 미터인지를 알 수 있게 해줍니다. 지형도를 확인해 평소에 물난리에 대비하라는 것이지요.

---

25 김원, 〈[단독]"어떻게 안전 합의하나" 옹벽아파트 입주민 첫 집단행동〉, 중앙일보, 2022년 2월 22일자

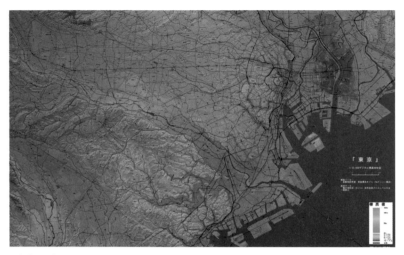

| 사진 3 | 일본 국토지리원에서 공개하는 도쿄도의 디지털 표고지형도

　한국에서 이런 지도를 정부나 지자체가 올렸다가는 '집값 떨어진다'는 항의를 받기 십상이어서, 이렇게 자세한 재난 위험 정보를 구하기가 쉽지 않습니다. 제가 살고 있는 서울시 관악구의 아파트 단지는 바로 뒤에 산이 있고, 예전에 단지 앞으로 봉천천이라는 개천이 흐르던 것을 복개해서 도로로 쓰고 있습니다. 그래서 혹시나 싶어서 관악구청 홈페이지에 들어가봤더니, 자세한 재난 정보는 없고 신림동을 흐르는 비교적 큰 하천인 도림천의 수해 정보만 있더군요. '생활안전지도'라는 사이트에는 자연재해 정보 대신 CCTV·비상벨·안심점포 등의 정보가 공개되어 있었습니다. 역시나 한국에서는 자연보다 사람이 더 무섭고, 구체적인 재난 정보는 알아서 챙겨야 하는 각자도생 사회라는 사실을 확인합니다.

에어컨은 사치품이 아니라 필수품이다

물론 한국에서도 재난에 대한 기본적인 지침은 지속적으로 공개되고 있습니다. 예를 들어 국립재난안전연구원에서 2021년에 작성한 〈시나리오로 본 우리나라 미래 재난 전망〉을 보면, 재난 연구자들은 한국에서 특히 발생 위험이 높은 재난으로 풍수해·폭염·감염병·미세먼지·정보통신·화재·산업재해 등을 꼽았습니다.

특히 최근에 가장 심각하게 다가오는 재난은 코로나19라는 감염병일 겁니다. 또 폭염도 많은 사람의 목숨을 위협하는 재난으로 대두되고 있습니다. 이 두 가지 재난에 대처하기 위해서는 공조, 즉 공기조화기술HVAC: Heating, Ventilation&Air Conditioning이 중요합니다. 하지만 2020년 코로나19 유행 후 벌써 몇 년이 지났지만 아직 건물들의 공조설비가 획기적으로 개선되었다는 체감은 하지 못합니다. 또한 공조와 폭염 방지에서 필수적인 것이 에어컨인데, 아직도 많은 사람이 에어컨은 더울 때만 켜는 사치품이라고 인식하고 있습니다. 한여름에 에너지를 아낀다고 에어컨을 끄고 선풍기를 돌리고 있으니, 에너지 취약 계층은 생명의 위협을 받고 전염병은 극성을 부립니다.

또다시 일본의 경우를 들어 죄송합니다만, 몇 년 전부터 일본 정부에서는 에어컨이 사치품이 아니라 생활필수품이라는 방침을 굳혀가고 있습니다. 지난 몇 년간 코로나19의 확산을 방지한다고 한여름에 공부방·노인정 등을 폐쇄해버리는 바람에 취약 계층은 생명의 위협을 받고 있습니다. 공무원들이 나중에 책임을 추궁받는 것을 피하려고 말썽이 날 소지가 있는 요소를 선제적으로 차단한 결과가 이것입니다. 코로나19가 유행할수록 정부는 공부방·노인정의 냉난방 가동을 지원했어야 합니다.

아무튼 우리가 집을 고를 때 생명과 '집값'을 지키기 위해 고려해야 하는 재난 요소는 많습니다. 앞서 소개한 국립재난안전연구원의 보고서에서는 여러 가지 재난을 모두 열거하고 있지만, '어디서 살고 어디를 살 것인가'의 관점에서 보면 재난의 긴급도가 조금 달라집니다. 예를 들어, 풍수해 가운데 산사태는 특별히 생명과 집값에 미치는 영향이 큽니다. 이와 관련해서 연약지반과 부실공사로 인한 건물 붕괴와 지반 침하도 실생활에 와 닿는 재난입니다.

땅 이름에 숨겨진
위험과 가치

땅 이름에 숨겨진 재난 위험

집이나 땅을 고를 때, 그곳에 재난 위험이 있는지를 판단할 수 있는 신호가 몇 가지 있습니다. 그 가운데 하나는 지명, 즉 땅 이름입니다. 예를 들어 2018년 8월 13일자 《아주경제》 기사 〈부산진구청, 공사민원에 '속수무책'…주민들 "불안해서 못 살겠어요"〉에서는, 부산 진구에서 120여 곳의 재건축·재개발이 동시에 진행되면서 지반 침하 현상이 확인되고 있다는 소식을 전했습니다. 이 지역에는 범내골이라는 지명이 있는데, 범천凡川이라는 개천이 흐르는 골짜기라는 뜻입니다. 이런 하천을 복개했으니, 근처에서 지반 침하가 일어날 가능성은 애초에 크다고 하겠습니다. 익명을 요구한 한 연구자는 이 기사를 통해 범내골뿐 아니라 강과 바다를 매립한 부산의 서면-범내골 구간과 범일동-부산역 구간도 지반 침하 위험이 있다고 주장합니다. 이 연구자는 왜 익명을 요구했을까요? 실명이 노출되면 '괜히 우리 동네를 위험하다고 말해서 집값 떨어뜨린다'는 비난을 받을 수 있기 때문이지요.

물이 흘러내리는 골짜기는 처음부터 홍수·산사태 위험이 존재하는 지역입니다. 지난 2011년에는 7월 26~27일에 폭우가 내려서 서울 전역이 피해를 입었습니다. 특히 우면산에서 산사태가 나서 이곳에서만 열일곱 명이 사망했습니다. 우면산에서 흘러내려 온 토사가 넓은 남부순환로를 덮고 길 건너 아파트 단지까지 덮친 모습을 언론 보도에서 접한 분이 많을 터입니다.

이 재난에 대해 관동대 토목공학과 박창근 교수는 "서울이라는 도시를 너무 겉보기에만 치중한 결과, 수해에 약한 도시가 됐다"는 코멘트를 남겼습니다. 특히 우면산이 자리한 강남은 원래 사람이 많이 살기 어려운 저지대였습니다. 여기에 도시의 모습을 갖추어놓은 게 지금의 강남이다 보니, 그간 마련한 치수시설만으로는 때로 감당하기 어려운 수해가 발생합니다.

100년 전에도 지금도 여전한 상습 침수 지역

거의 100년 전인 1925년 7월 18일에 '을축년 대홍수'라는 사상 최대 규모의 수해가 발생한 뒤에 조선총독부가 작성한 자료가 있습니다. 〈1925년 조선의 홍수大正一四年朝鮮ノ洪水〉라는 자료인데요, 여기에는 〈한강하류부 범람구역도〉라는 지도가 실려 있습니다. 남한강과 북한강이 만나는 양수리부터 한강이 서해와 만나는 지점까지 어느 정도로 땅이 물에 덮였는지를 보여주는 지도입니다. 이 지도를 보면 서울 강남의 반포·서초·역삼·압구정·삼성·대치·양재·염곡·잠실 등 대부분의 지역이 침수되었다는 사실을 알 수 있습니다. 중랑천·홍제천·안양천·성내천변의 상습 침수 지역도 그때나 지금이나 크게 달라지지 않았습니다.

| 사진 4 | 〈1925년 조선의 홍수〉에 실린 〈한강하류부 범람구역도〉. 국립중앙도서관 소장

1925년의 을축년 대홍수로부터 100년이 되어가고 있습니다. 그 사이에 한국의 치수 기술은 좋아졌지만, 여전히 이 지도에서 침수 표시되어 있는 지역에서는 거듭해서 수해가 발생하고 있습니다. 상습 침수 피해가 발생하고 있는 수도권전철 2호선 강남역 주변도 이 지도에서 침수된 것으로 나타납니다. 강남역 일대가 침수된 것은 어떤 특정한 사람들의 잘못이나 비리가 아니라, 그곳이 원래 물이 잘 넘치는 상습 침수 지역이기 때문입니다. 저는 현재 공사 중인 영동대로 복합환승센터에서도 상습 침수 피해가 발생할 것으로 예측하고 있습니다.

또 서울에는 하천을 덮어서 도로로 사용하는 복개천이 많은데 포장된 도로 아래로 여전히 강물이 흐르고 있어서 물난리가 나면 복개한 뚜껑 위로 물이 넘치고는 합니다. 넘쳐흐르는 복개천 위를 걷다가 감전사할 수도 있으니 조심해야 합니다. 2002년 월드컵 당시, 한국과 이탈리아가 맞붙은 6월 18일에 신촌에서 경기 중계를 보고 있었는데, 이날 폭우가 내려서 연세로 위로 강물이 범람했던 기억이 생생합니다. 그날도 서울 어딘가에서 한 분이 감전사했다는 소식을 들었습니다.

아타미시 이즈산 산사태

지난 2021년 7월 3일에는 도쿄 서쪽 시즈오카현 아타미시의 이즈산이라는 곳에서 산사태가 나서 서른 명의 사상자가 발생했습니다. 이 산사태의 원인으로 골짜기에 산업폐기물을 매립하고 덮어둔 흙이 홍수에 쓸려 내려왔다는 사실이 지적되었습니다. 아무리 '해저드 맵'을 만들어도, 결국 일본도 사람 사는 동네인지라 이렇게 불법행위로 인한 재난은 계속해서 발생하고 있는 것입니다.

| 사진 5 | 2021년 7월 3일에 발생한 아타미시 이즈산 산사태 재해. 일본 국토지리원 제작

아타미시 이즈산 산사태의 경우는 산업폐기물이 불법 매립되었다는 특별한 요인이 작용하기는 했지만, 결국은 계곡에서 급하게 내려오는 경사지에 주거지를 조성한 것이 근본적인 재난 원인이었습니다. 한국에서 어떤 분들은 아파트 바로 옆에 산이 있으면 공기가 맑고 새소리가 들린다며 좋아하시는데, 부디 그러시지 않으면 좋겠습니다. 산사태 위험이 있습니다.

지명에 연못이 들어가면 사지 마라

이렇듯 아무리 조심해도 자연재해가 끊임없이 발생하다 보니, 일본인들은 땅과 집을 살 때 그곳의 지명을 잘 따집니다. '야후 재팬 부동산'의 어떤 Q&A에 이런 질문이 있었습니다.

> "지명에 연못(池)이 들어 있는 토지에 신축된 건물을 사고 싶은데 괜찮을까요? 1960년대까지 이 일대는 논이었다고 합니다."

이 질문자가 채택한 답은 "오랫동안 안심하며 살기 위해서는, 예전에 논농사를 짓거나 지명에 연못이 들어 있는 토지는 재해에 취약하니 고르시지 않는 게 좋겠습니다"라는 것이었습니다. 그런 토지는 당연히 값이 싸니까 위험을 감수하고 살 것인가 말 것인가를 선택하라는 거죠. 재난이 발생하면 "인재人災다"라고 말하는 사람들도 있지만, 애초에 위험한 토지를 싸게 샀다가 그런 일을 당한 것이니 그 지역의 원주민들이 보기에는 '자업자득自業自得'입니다. 요즘에는 '해저드 맵'을 보면 파악할 수 있으니, "몰랐다"는 말은 통하지 않습니다.

앞의 Q&A에서 '연못'이라는 글자가 들어 있는 지명은 피하라는 조언이 있었습니다. 연못池·개천川·호수湖 등의 글자가 있는 곳이 지금도 연못이면 상관없지만, 현재 매립되어 택지가 조성된 상태라면 유사시에 지반 침하 위험이 있다는 것이지요. 반대로 '높고 평평한 땅台'이라는 글자가 들어 있는 지명은 지반이 안정되어 있을 가능성이 커서 주거지로 인기가 높습니다. 한국에서는 지명을 이용해서 재난 위험을 예측하고 부동산 가치를 확인하는 방법이 사용되지 않는 것 같습니다만, 한번 시도해보아도 좋겠지요.

해방촌과 수용소라는 지명의 의미

한편, '해방촌'과 '수용소'라는 지명을 전국 답사에 활용할 수 있습니다. '해방촌'이라고 하면 이태원 북쪽의 남산 기슭에 있는 곳만 떠올리시겠지만, 이 두 가지 지명은 전국에 있습니다. 1945~1953년, 광복에서 6·25 전쟁에 이르기까지 해외와 한반도 북부에서 수많은 사람이 한국으로 피난을 왔습니다. 한반도 북부의 공산주의 정권으로부터 한국으로 탈출해서 '해방'되었다고 생각한 사람들은 해방촌이라는 이름을 자기 마을에 붙였습니다. 또 피난민들을 수용하기 위한 집단 주택을 지은 곳에는 수용소라는 지명이 붙었습니다. 서울의 유명한 해방촌은 사람들이 살지 않는 산 위에 지어졌고 남산 고도 제한이 걸려 있기 때문에 개발 가능성이 없지요.

하지만 평지에 자리한 해방촌·수용소는 사정이 다릅니다. 예전 마을은 대체로 고지대에 자리 잡아서 물난리를 피해왔습니다. 이런 마을에 피난민이 몰려오면 저지대의 못 쓰는 땅에 자리 잡게 했습니다. 그래서 평지의 해방촌·수용소는 대체로 저지대입니다. 농업을 주로 하던 시절에는 사람이 고지대에 살면서 농사를 저지대에 짓는 것이 좋았지만, 수리 기술이 발달한 현대에는 평평한 저지대가 택지개발하기에 유리합니다.

몇 년 전부터 서울시 안의 마지막 택지개발 지역으로 주목받고 있는 강서구 마곡은 예전에 '수용소들'이라고 불렸습니다. 강서구 방화동의 오래된 마을 끄트머리에 '수용소부락'이라는 피난민 정착지가 생겼고, 그 근처의 들판이라고 해서 '수용소들'이라는 이름이 붙은 거죠. 또 고양시 덕양구 신원동의 해방촌은 최근 고양삼송택지개발사업에 포함되어 고층아파트 단지로 바뀌었습니다.

1919년의 3·1 만세운동으로 유명한 화성시 향남읍 제암리 근처에는 '수용소마을'이라는 지명이 붙은 평지가 있는데, 이곳은 화성향남지구로 택지 개발되었습니다. 이 화성향남지구는 대웅·제약·한국파마 등이 입주한 향남제약일반산업단지의 배후 주거지로 성장하고 있고, 서해선 열차도 머지않아 개통될 예정입니다.

시간 날 때마다 지도 애플리케이션이나 '국토정보플랫폼'에서 '해방촌'과 '수용소'를 찾아보면, 뜻밖에 숨어 있는 미래의 개발 예정지를 찾아내실지도 모르겠습니다.

| 사진 6 | 서울시 강서구 마곡의 수용소들. 카카오맵 스카이뷰

| 사진 7 | 경기도 고양시 덕양구의 해방촌. 카카오맵 스카이뷰

| 사진 8 | 택지개발이 끝난 경기도 고양시 덕양구의 해방촌. 2021년 10월

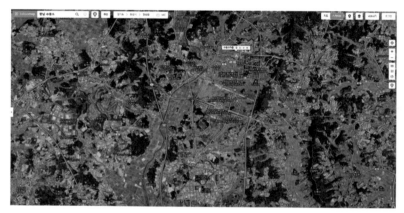

| 사진 9 | 경기도 화성시 향남읍의 수용소마을. 카카오맵 스카이뷰

상수도 걱정 없는
전원주택은 어디?

난개발로 인한 상수도 문제

물은 넘쳐도 큰일이지만 부족해도 문제입니다. 인천처럼 원래 상수도가 부족한 지역도 있지만, 용인처럼 골짜기마다 난개발을 하는 바람에 비교적 최근 들어서 상수도 문제가 대두한 지역도 있습니다. 특히 용인은 택지개발 시 이행해야 하는 의무사항을 피하려고 업체들이 부지를 조각내서 개발한 '조각개발'로 유명한 곳이었지요. 사정이 이렇다 보니 학교·교통 문제뿐 아니라 상하수도 문제도 심각했습니다. 용인시청에서 난개발 실정을 조사한 백서를 2019년에 제작했을 정도이니, 용인의 난개발 문제는 공인된 사실이라고 해도 지나치지 않을 것입니다.

○ 쪼개기 현황2 : 처인구 모현읍 오산리

- 단독주택 및 진입도로 3건, 제2종근린생활(사무소, 제조업소), 제1종근린생활시설(소매점, 휴게음식점, 체육도장)부지조성 목적으로 허가 받아 모두 단독주택으로 분양
- 총 면적이 14,929m²인 5건의 건축허가(1,320m²/2,027m²/1,648m²/4,980m²/4,954m²)로 6m 이상의 진입도로를 확보하여야 하나, 신청자 및 목적이 상이하여 동일사업으로 판단하기 어렵다는 이유로 진입도로 4m로 허가를 받아 기반시설이 부족하며, 도시계획위원회 심의 및 사전재해영향평가 없이 건축허가를 득해 공사 중임
- 처인구청에는 5건의 건축허가를 받았으나, 분양사무실엔 6차 계획까지 분양 광고 중임

| 사진 10 | 용인시 처인구 모현읍의 조각개발 상황. 〈난개발조사특별위원회 활동 백서〉(2019) 수록

한편 경기도 동부 산간 지역에 자리한 양평군 같은 경우는, 땅은 넓은데 구석구석을 개발하다 보니 상수도 보급률이 경기도 전체에서 하위에 머물고 있습니다. 또 전원주택 단지 등을 개발하면서 너도나도 지하수를 끌어올리는 바람에 환경 문제가 발생하고 있습니다. 특히 양평군·가평군 같은 곳에 전원주택을 짓고 싶어 하는 분도 많은데요, 이런 분들은 기존 마을 주민들의 텃세나 열악한 도로 사정과 함께

상하수도 사정도 반드시 체크하는 게 좋겠습니다.

물론 재난 정보와 마찬가지로 상하수도 정보도 구체적으로 확인하기 힘든 게 한국의 현실입니다. 그렇기 때문에 여러 가지 간접적인 방법을 최대한 동원해서 살 곳where to live, where to buy의 상하수도 상황을 체크할 필요가 있습니다.

냉철한 투자를 위한 참고 자료, 한해극복지

한 가지 소개해드리고 싶은 것은 박정희 정권 말기에서 전두환 정권 초기에 걸쳐 농수산부에서 제작한 〈한해극복지旱害克服誌〉입니다. '한해'는 가뭄이라는 뜻이지요. 최근 관공서에서 작성하는 보고서들은 기본적으로 시민의 감시를 받는다는 전제에서 쓰이기 때문에 솔직하게 실상을 드러내는 데에는 한계가 있습니다. 이에 반해서 박정희·전두환 정권 때는 정부 사업을 홍보한다는 의도는 있었지만 상세한 부분에서 '집값 떨어질까 봐' 걱정하는 시민들을 신경 쓸 필요는 적었습니다. 그래서 비록 30~40년 전에 작성되었더라도 요즘의 보고서들보다 오히려 더 어떤 지역의 상황을 노골적으로 밝히고 있는 경우가 있습니다. 냉철한 투자를 위해서는 여전히 참고할 만한 가치가 있는 자료라는 뜻입니다.

1977년에 심각한 가뭄이 전국을 강타하자, 박정희 대통령은 어떻게든 땅속에서 물줄기를 찾아내어 농토로 물을 대라는 지시를 내림니다. 그러고는 경상북도의 어떤 가뭄 피해 현장을 찾았다가 "찌는 듯한 무더위를 무릅쓰고 수원을 찾아 하천 바닥을 굴착하고, 수백 미터의 호스를 이용하여 높은 지대까지 물을 양수하였으며, 들샘을 파서 철야 횃불을 켜 들고 송수 작업을 하는 농민들의 불같은 집념"을 보고는 감탄했다고 합니다.

그래서 이런 모습을 군대의 작전 지시도처럼 꼼꼼하게 기록·보존하여 유비무환의 귀감을 만들고, 후손들에게 긍지와 산교육이 될 수 있도록 '한해 극복지'를 편찬·제작하라는 지시를 내렸습니다. "어떤 지점에서 수원을 굴착하여 몇 미터 거리의 논에 얼마 양의 물을 송수하여 몇 헥타르의 논에 관수를 했으며, 송수 호스와 양수기를 구입한 회사, 수확량, 투입 사업비, 평년작 등을 기재"해서 다음 가뭄 때 사용할 수 있도록 하라는 것이었습니다.[26]

1978년, 1979년, 1983년에 출판된 〈한해극복지〉는 현재 국회 전자도서관 등에서 볼 수 있습니다. 실제로 책을 보면, 각지의 어느 지점에서 수원水源을 찾아서 몇 미터까지 논으로 끌어들였으며, 그 결과 몇 킬로그램의 쌀을 수확했는지 자세히 나와 있습니다. 이 책이 나온 지 40여 년이 지난 현재, 그 당시 논농사 지대였던 지역이 많은 경우 교외 주거 지역으로 탈바꿈했습니다. 그러니 전원주택·타운하우스를 지을 땅을 찾는 분들은 자기 지역에서 이 시기에 치수사업이 있었는

---

26   농어촌진흥공사, 『농공 50년 회고록 국토개조 반세기 증언 1』 농어촌진흥공사, 1999년

지를 확인하면 상수도 문제를 검토하는 데 도움이 될 터입니다. 예를 들어 양평군의 가뭄 극복 상황이 이 책에 많이 실려 있어서, 상수도가 부족한 양평군에 전원주택·타운하우스 등을 지을 때 참고할 수 있겠습니다.

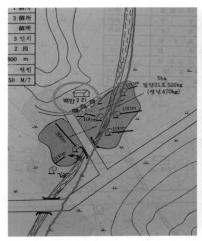

| 사진 11 | 〈77년 한해극복지〉에 실린 〈경기도 양평군 양평읍 백안2리의 가뭄 극복 상황도〉 | 사진 12 | 경기도 양평군 양평읍 백안2리. 카카오맵 스카이뷰

집 짓고 살기 좋은 지역들

개인적으로는 수도권에서 양평군과 가평군, 여주시와 이천시가 전원주택을 짓고 살기에 좋은 곳이라고 생각합니다. 산에 둘러싸인 느낌을 좋아하고, 주변에서 대규모 개발이 이루어지는 것을 싫어 하는 분들이라면 양평군과 가평군이 좋을 것 같습니다. 워낙 규제가 많이 걸려 있는 곳이다 보니, 설사 통일이 되더라도 이 지역의 각종 규제가 크게 완화될 것 같지는 않습니다.

한편 여주시는 널찍한 들판을 지니고 있고, 그 옆을 흐르는 남한 강은 풍광이 수려합니다. 또 강원도의 입구인 원주시도 멀지 않고요. 옆에 있는 용인시나 이천시와는 달리 앞으로도 당분간 대규모 택지개발이 있을 것 같지 않고, 만약 한두 곳에서 택지개발을 한다고 해도 여주시가 워낙 널찍하다 보니 크게 신경 쓰지 않고 평온하게 살 수 있을 것 같습니다.

이천시는 두 부분으로 나눠서 접근하는 게 좋겠습니다. 경강선 열차가 지나는 이천시 북부는 판교로 출퇴근할 수 있어서 사실상 확장 강남권역이라고 보아야 하겠습니다. 또 SK하이닉스가 부발읍에 들어서 있기도 하지요. 하지만 경강선과 SK하이닉스가 이천시 북부의 상황을 상징한다면, 남쪽의 장호원읍은 전혀 다른 느낌을 주는 지역입니다. 서울·성남·하남 사이에 자리하던 각종 부대가 이곳 장호원읍으로 이전해온 것에서 알 수 있듯이, 이 지역은 당분간 대규모 개발 없이 현 상태가 유지될 것입니다. 전원주택을 짓고 살기에는 거꾸로 좋은 조건이지요.

장호원읍 행정복지센터가 자리한 작은 도심지는 충청북도의 관문인 음성군 감곡면의 중심지와 사실상 하나의 도시로 기능하고 있습니다. 감곡면 도심지의 북쪽 들판을 통과하는 중부내륙선의 역 이름이 감곡장호원역인 것도 이 두 도심지가 하나의 생활권임을 보여줍니다. 현재는 중부내륙선 철도가 이천시 중부의 부발읍까지만 건설되어 있고, 단기적으로는 판교 등 확장 강남권으로 직결될 가능성이 적습니다. 설사 직결된다고 해도 어떤 분들이 기대하는 것만큼 호재로 작용할 가능성은 커 보이지 않습니다. 실거주할 분은 편한 마음으로 토지를 알아보시고, 투자할 분은 중장기적 관점에서 접근하는 게 좋겠습니다.

우리는 지진으로부터
안전한가?

한국은 지진의 안전지대가 아니다

'지진'이라고 하면 남의 나라 이야기라고 생각할 수 있지만 한국도 지진의 안전지대가 아닙니다. 서울에 살면서 몇 차례의 지진을 느낀 적이 있습니다. 그럴 때마다 한국의 건물은 내진·면진설계를 하지 않은 경우가 많을 텐데 괜찮을까 하는 걱정을 하고는 합니다.

행정수도 백지계획을 위해 1978년에 작성된 〈행정수도 건설을 위한 백지계획 입지 선정 기준에 관한 연구〉에는 〈주요 지진 발생 위치도〉가 실려 있는데, 특히 포항-울산-부산으로 이어지는 동남권 공업지대에 지진 발생 기록이 몰려 있습니다. 행정수도 이전을 검토한 중화학기획단은 지진 발생 여부까지 조사했던 것입니다.

| 사진 13 | 〈행정수도 건설을 위한 백지계획 입지 선정 기준에 관한 연구〉에 실린 〈주요 지진 발생 위치도〉

특히 2016년에 경주, 2017년에 포항에서 지진이 일어나서 실제로 큰 피해가 발생했습니다. 물론 이 지진은 자연발생적인 것이 아니라 지열발전 과정에서 활성단층을 건드려서 발생한 인공 지진이었습니다. 미국의 셰일 산업이 지정학적 측면에 미치는 영향을 검토한 피터 자이한의 『셰일 혁명과 미국 없는 세계』(김앤김북스, 2019)는 셰일 추출 과정에서 지진이 발생하는 문제를 언급하고 있습니다. 미국에서도 셰일 오일을 추출하는 과정에서 셰일퀘이크shalequake라 부르는 지진이 발생해서 대량의 이주민이 생겨나고 있습니다. 셰일퀘이크와 포항 지진은 구체적인 원인은 다르지만, 에너지원을 개발하는 과정에서 지진이 발생한다는 측면은 동일합니다.

내진설계가 된 건물은 대상 건물의 단 6%

경상도 지역에는 활성단층이 많이 존재해서 지진 발생 위험이 크다는 사실이 지적되고 있습니다. 그런데 연천-의정부-서울-구리-성남-안양-수원-오산-평택으로 이어지는 추가령단층이라 불리는 활성단층이 서울·경기 지역에도 존재합니다. 하지만 내진설계가 되어 있는 건물은 내진설계 대상 건물의 6%에 미치지 못합니다.[27] 이러한 사실을 알고 있고, 또 개발 시대의 한국에서 아파트 건물이 얼마나 급하고 성글게 지어졌는지를 알고 있다 보니, 약한 지진이 느껴질 때마다 무서움을 느끼게 됩니다.

| 사진 14 | 배윤신, 〈서울시 건축물 지진위험도 평가 위한 자료 확보와 관리방안〉에 실린 추가령단층

---

27   배윤신, 〈서울시 건축물 지진위험도 평가 위한 자료 확보와 관리방안〉, 안전환경연구실, 2017년

'요즘에는 건물을 잘 지으니 괜찮을 건데 웬 호들갑이냐'라고 생각하실지 모르지만 2022년 1월 11일에 광주시 서구 화정동에서 광주화정 아이파크 건물 붕괴 사고가 났지요. 저는 한국의 건설업체들이 성실시공 한다는 말을 여전히 믿지 못하겠습니다. 제가 이 책의 원고를 출판사에 넘긴 2022년 4월 14일, 세종시의 국립세종도서관이 준공 8년 만에 안전진단 D등급을 받는 사고가 발생했습니다. 이에 대해 문화체육관광부의 관계자는 "건축물을 10년만 이용하고 말 것이란 생각으로 만드는 것이 아닌데 너무 빠른 시간에 문제들이 발생했다"라며 황당하다는 입장을 표했습니다. 일반 아파트 단지라면 '경축 안전진단 D등급'이라는 플래카드를 걸 수도 있겠지만, 공공기관이다 보니 그런 플래카드는 걸지 않는 것 같습니다.

부실시공과 지반침하의 원인

1기 신도시의 부실시공 사고들

광주 화정 아이파크 붕괴 사고의 원인은 임의적인 설계 변경과 콘크리트 강도 미달 등이었습니다. 충분한 콘크리트 양생 기간이 필요한 겨울철에 서둘러 양생을 한 것도 붕괴 원인 중의 하나였다는 것입니다. 그런데 1기 신도시 공사가 한창이던 1992년 1월 28일, 평촌신도시의 아파트 베란다 8개 층이 부실공사로 붕괴하는 사고가 있었습니다. 이 사고도 2022년의 광주 화정 아이파크 붕괴 사고와 날짜로 2주 정도밖에 떨어져 있지 않은 겨울철에 양생이 덜 된 콘크리트를 무리하게 이용하려다가 발생했습니다. 30년을 사이에 두고 비슷한 원인의 비슷한 부실시공 사고가 발생한 것입니다.

| 사진 15 | 2022년 1월 11일에 붕괴한 광주 화정 아이파크. 2022년 2월

| 사진 17 | 1992년 11월 7일자 《경향신문》 〈신도시 아파트가 불안하다–완공 후에도 부실 속출〉

| 사진 16 | 1992년 1월 28일에 붕괴한 평촌신도시 아파트 베란다. 1992년 1월 28일자 《동아일보》 〈신도시 아파트 또 부실사고–평촌 한양 공사장 베란다 8개 층 연쇄붕괴〉

1기 신도시는 노태우 대통령의 200만 호 건설 공약을 실현시키기 위해 무리하게 추진되다 보니 부실시공된 혐의가 짙습니다. 산본신도시에서는 부실공사가 밝혀져서 공사가 중단되기도 했고, 아예 부수고

다시 지은 경우도 있었습니다. 광주화정 아이파크도 부수고 새로 지을 것으로 보이지요. 이 경우도 30년 전과 지금이 똑같습니다. 분당신도시에서는 1991년 12월 25일의 입주 첫날 가스가 누출돼서 입주민이 사망하는 사고가 있었습니다.

한편 평촌신도시에서는 일부 아파트 단지를 쓰레기 매립지 위에 짓는 바람에, 장차 지반이 침하하고 가스가 폭발할 우려가 있다는 진단이 나왔습니다. 당시 한국건설기술연구원은 지반 침하에 대비하라고 토지개발공사 측에 통보했고, 토지개발공사 측은 이를 공사 과정에 반영하기로 했다고 뉴스에서는 전합니다.

| 사진 18 | 1992년 10월 17일자 《동아일보》 〈쓰레기더미 위에 아파트 건설〉

또 1기 신도시는 바닷모래를 쓴 것으로도 유명하지요. 당시 전문가는 "서해안과 가까운 평촌·산본 지역의 바닷모래 사용, 품질 확인 절차를 거치지 않은 자체 레미콘 플랜트는 건물 수명을 20년 이상 단

축할 수도 있다"[28]고 말합니다.

이렇게 곳곳에서 부실시공 의혹이 있던 1기 신도시에 입주한 주민들의 심정은 이 한마디로 대변될 수 있겠습니다. "하자 문제를 제기하면 집값만 떨어질 것 같아 쉬쉬하고 산다." 그렇게 쉬쉬하고 살아온 것도 어언 30년. 이제 1기 신도시는 재건축의 시기를 맞이하고 있습니다. 1기 신도시를 이렇게 부실하게 공사했으니 이번 기회에 과감히 재건축을 추진하는 것이 좋겠다는 생각을 하는 한편, 부실 공사한 건설업체들이 그간 책임을 회피해온 것은 '1기 신도시 부실공사 백서'를 제작해서라도 세상에 널리 알려야 한다는 생각도 합니다.

내 집 마련 성공했지만 화만 치밀어

신도시의 부실공사라고 하면, 지난 2017년에 모 건설사가 동탄 2신도시를 건설하면서 숱한 부실공사를 하는 바람에 당시의 남경필 경기도지사와 채인석 화성시장이 특정 업체를 비판하는 공동 브리핑을 열었던 것이 유명하지요. 남경필 지사는 87,630건의 하자 처리를 한 이 업체에 대해 "소위 대기업인데, 수준이 이 정도인가?"라며 노골적으로 비판을 가하기도 했습니다.

이 업체의 부실공사에 대해서는 국회 차원에서도 대응 움직임이

---

28 〈긴급진단 수도권 신도시 3 시공사 하자 보수 '미적미적'〉, 동아일보, 1992년 10월 29일자

있었을 정도로 당시 사회적으로 큰 물의를 빚었습니다. 2017년 9월 8일에 열린 '공동주택 부실시공 근절을 위한 입법지원 토론회'에서 윤광호 동탄 23블록 입주자대표회의 회장은 "내 집 마련에 성공했지만, 기쁨보다는 화만 치미는 상황이 되어 있다"고 말했습니다. 굳이 이 업체의 이름을 밝히지는 않겠지만, 살 곳where to live, where to buy을 찾는 분이라면 브랜드의 연혁을 잘 살피는 지혜를 발휘할 필요가 있겠습니다.

단지 내 빗물처리 및 배수 불량	단지 내 옹벽 상단 주철재 난간 붕괴
지하주차장 천장 누수	소화전 배관 주위 누수
지하 엘리베이터 홀 내부 결로	건축물 주변 성토구간 마감 미시공

| 사진 19 | 〈공동주택 부실시공 근절을 위한 제도개선 방안 연구〉에 실린 모 브랜드 아파트의 부실시공 상황

부실시공의 나비효과

부실시공은 해당 건물에만 피해를 입히는 데 그치지 않습니다. 주변 지역에 대한 배려를 하지 않고 공사를 진행하는 바람에, 주변 지역의 지반이 침하하고 건물이 붕괴하는 사고가 끊이지 않습니다. 2018년 한 해만 해도 동작구 신대방동의 대방천 복개천 근처에서 아파트 단지를 짓는다고 철거 중이던 건물이 6월 16일에 갑자기 무너져 내렸습니다.

| 사진 20 | 신대방동 건물 붕괴 현장. 2018년 6월

그리고 8월 31일에는 금천구 가산동의 공사 현장과 옆의 아파트 단지 사이에서 싱크홀이 발생해서 주민들이 대피하는 일이 있었습니다. 또 9월 6일에는 동작구 상도4동의 건설 현장 흙막이가 붕괴하면서 유치원 건물이 무너져 내렸습니다. 특히 상도4동의 유치원 건물은

그 전해인 2017년 12월에 답사할 때 유심히 본 기억이 있어서 더욱 섬뜩했습니다. 2017년 답사 당시, 어쩐지 위태위태한 느낌이 들어서 사진으로 찍어두었는데 그로부터 9개월 뒤에 사고가 발생해서 큰 충격을 받았습니다.

| 사진 21 | 가산동 싱크홀 현장. 2018년 8월

| 사진 22 | 가산동에서 싱크홀 현상이 발생하기 전부터 옆 아파트 단지 주민들은 불안감을 호소하고 있었습니다. 2018년 8월

| 사진 23 | 축대가 붕괴하기 전에 촬영한 상도4동의 유치원 건물. 이 일대는 재개발을 둘러싸고 오랜 분쟁이 있었던 것으로도 잘 알려져 있습니다. 2017년 12월

| 사진 24 | 상도4동 유치원 축대 붕괴 현장. 2018년 9월

관심 있는 집이나 토지 주변에 절개지나 축대 붕괴 위험이 있지 않은지, 배수 상태는 좋은지 등의 여부를 잘 확인할 필요가 있습니다. 비가 내리는 날에 가보는 게 더 좋겠지요. 그리고 주말 밤에도 가서

주변 공장에서 감시의 눈을 피해 공해물질을 배출하고 있지 않은지 냄새도 맡아볼 것을 권해드립니다.

일산신도시의 지반 침하 현상

싱크홀·지반 침하는 단순한 부실시공을 넘어서 그 지역이 애초에 연약지반이기 때문에 발생하는 경우도 있습니다. 특히 인천·부산·양산처럼 대규모로 간척지를 조성해서 신도시와 공단을 조성했거나 연약지반에 신도시를 조성한 지역에서는 지반 침하 우려가 진작부터 제기되었고, 실제로 지반 침하 현상이 눈에 띄게 나타나고 있기도 합니다.

1기 신도시 가운데에는 일산신도시에서 지반 침하 현상이 자주 보여서 신도시 주민들의 걱정이 크다고 알려져 있습니다. 특히 2018년 12월 4일에 백석역 근처에서 지역온수배관이 파열되어서 사망자가 발생하기도 했습니다. 이 사고는 28년 전의 부실시공이 직접적인 원인인 것으로 밝혀졌습니다.

하지만 일산 지역이 원래 한강물이 드나들던 뻘이었다가 식민지 시기에 일산제방을 쌓으면서 농경지가 되었던 곳이다 보니, 연약지반이었다는 사실도 사고에 영향을 미친 듯 보입니다. 고양의 원주민들은 "일산은 한강에 의해 운명이 좌우되는 지역이었으며 일산 역사의 대부분은 물과의 투쟁의 역사"라고 말합니다. 원주민들은 일산신도시 지역의 취약성을 잘 알고 있었다는 것이지요. 그렇기 때문에 임장할 때에는 현지 주민분들과 함께 다닐 필요가 있습니다. 어떤 분은 아파트 단지가 준공되어 처음 입주한 '아파트 원주민'과 함께 임장을 한다는 말씀을 하시던데, 아파트 단지가 들어서기 전의 사정을 알고 있는 분이 있다면 그런 분을 모시고 구석구석 임장하는 것이 더 좋습니다.

이렇게 일산 지역에서 지반 침하가 빈발하다 보니, 건물 소유주들이 불안해하고 있다는 보도가 나오고 있습니다. 지반 침하에 따른 피해는 일반적인 보험 대상이 아니고, 지반이 침하하여 건물이 붕괴될 위험이 있다는 보도가 나오면 건물 가치가 하락할 우려도 있다는 것입니다. 살 곳을 찾을 때 지질·지형 문제까지 꼼꼼히 따져야 할 이유가 바로 이것입니다.

이래서 1기 신도시 가운데 저는 산본신도시가 가장 마음에 듭니다. 지형적으로 지반 침하의 위험이 적어 보이고, 산에 감싸여 아늑한 느낌을 주는 도시거든요. 물론 산본신도시는 골짜기에 들어앉은 형국이다 보니, 산사태에는 충분한 주의를 기울일 필요가 있겠습니다. 그래도 1991년에 제작된 〈산본신도시 기본계획〉을 보니 산본신도시 지역은 배수성이 매우 큰 지질이고, "경사도 5% 미만의 평탄지와 15% 미만의 구릉지"로 구성되어 있다고 하니 산사태 위험이 커 보이지는 않습니다.

KTX 터널을 뚫다가 중단한 이유

성남과 용인의 경우에는 분당선 지반 침하가 지속적으로 발생하고 있다는 보도가 있었습니다. 특히 지반 침하는 열차 운행에 심각한 영향을 미치기 때문에 주의할 필요가 있습니다.

이렇게 철도를 건설할 때 지반이 침하하는 문제가 있다 보니, GTX 노선이 지날 예정인 일부 지역의 주민들은 공사에 반대하는 움직임을 보이기도 합니다. 100% 안전하다 아니다를 말하기에는 아직 이른 단계인 것 같아서, 앞으로 추이를 지켜보아야 할 것입니다.

| 사진 25 | GTX-C 노선이 대심도로 통과하는 것에 반대하는 플래카드. 2020년 9월

반대로, 최근에는 서울의 수서역과 평택지제역을 잇는 율현터널의 여러 곳에서 융기 현상이 발생하고 있습니다. 또한 KTX를 지나게 하기 위해 화성시 봉담읍에서 터널을 뚫던 중, 근처에 있던 삼보광산의

알려지지 않은 광구가 여러 개 발견되어서 공사를 중단하고 노선을 변경하는 일도 있었습니다.

비어 있는 굴이 대규모로 존재하다 보니, 터널을 뚫어서 KTX 열차를 달리게 하면 터널이 붕괴하거나 지반이 침하할 가능성이 제기된 것입니다. 그 당시 공사하다가 중단된 터널은 현재 저장고 등으로 쓰이고 있습니다. 이 폐광산 부근에서는 봉담신도시가 건설되고 있는데, 안전진단을 충분히 마친 상태에서 공사가 진행되고 있으리라 믿고 싶습니다.

| 사진 26 | KTX 터널 공사를 하다가 중단된 화성시 봉담읍의 공사 현장. 2019년 12월

마지막으로, 공사 도중에 사정이 생겨서 그대로 방치된 아파트 단지가 전국 곳곳에 존재합니다. 거의 폐허 상태의 건물에서는 환경에

좋지 않은 물질이 배출될 가능성이 있고, 이런 아파트 단지의 부지를 둘러싸고 부동산 사기 사건이 발생할 수도 있습니다. 이런 물건에 관심을 가질 때에는 부디 조심히 접근하기를 바랍니다.

| 사진 27 | 천안역 근처에서 공사 중에 중단된 아파트 단지. 2019년 8월

| 사진 28 | 인천시 계양구 효성동에서 공사 중에 중단된 아파트 단지. "본 건물 공사 부분에 대해서 사기 피해 사례가 많으니 주의하시기" 바란다는 경고가 내걸려 있습니다. 2020년 2월

| 사진 29 | 충청남도 예산군 예산읍에서 공사 중에 중단된 아파트 단지. 2020년 8월

| 사진 30 | 경기도 이천시에서 공사 중에 중단된 아파트 단지. 2021년 6월

·5장·

재개발과
교통망 호재의
실체

원도심은 개발될까, 유지될까?

원도심이 지금까지 존재하는 이유

이번 장에서는 신도시를 건설하고 교통망을 갖추는 과정에서 배울 수 있는 인사이트가 무엇인지 찾아보겠습니다.

그런데 신도시가 있다면 원도심도 있어야지요? 여러분은 원도심이라고 하면 어디를 떠올릴까요. 서울에 사는 분들이라면 서울 사대문 안이나 영등포역 앞을 떠올릴 거고, 수원 사는 분은 조선 국왕 정조가 짓게 한 화성華城의 내부를 떠올릴 겁니다. 이렇게 고려시대나 조선시대에 만들어진 곳만 원도심은 아니어서, 성남 분들은 1960년대 말부터 만들어진 수정구·중원구 일대의 이른바 '광주대단지'를 원도심으로 생각합니다.

도시 정비와 부동산에 관심을 가진 분들 가운데에는 원도심을 보면 개발계획만 떠오른다는 말씀을 하는 분들도 적지 않더군요. 이렇게 저밀도의 구역을 남겨두는 것은 아깝다고 말이지요. 모든 사람이 쾌적한 신도시에 살기를 바라지 않겠느냐는 말도 덧붙이고는 하지요.

　　하지만 원도심이 지금까지 존재하는 건 그만한 이유가 있어서겠지요. 역사가 오래된 구역은 소유권 관계가 복잡하기 때문에 개발을 위한 합의가 잘 되지 않는 경우가 많습니다. 또 서울 강북 청계천변의 공구상가들이나 종로5·6가의 시장에서 영업하는 분들이 그렇듯이, 괜히 도시 구조를 건드리는 것보다 지금 그대로 장사하는 게 더 수익이 좋다고 판단하는 경우도 많습니다. 괜히 택지개발 하면 건설사만 배불리고, 본인들은 단골 잃고 입지 잃는다고 판단하는 거지요.

　　모든 사람이 재개발·재건축을 좋아하는 건 아니기 때문에 원도심은 앞으로도 한동안 지금과 같은 모습을 유지할 가능성이 있습니다. 원도심의 상권이 쇠퇴하지 않는 이유는 고층아파트 단지에 거주하는 사람들도 원도심이 지니고 있는 분위기에 호감을 느끼는 경우가 있기 때문입니다. 본인은 생활하기에 쾌적한 고층아파트 단지에 살지만, 관광하는 느낌으로 찾을 수 있는 원도심은 개발되지 않고 남아 있기를 바라는 시민들이 적지 않습니다. 이런 시민들이 있기에 종로와 을지로의 동쪽 지역은 여전히 상권이 활발합니다.

게스트하우스가 늘어나는 곳을 주목하라

이렇게 원도심이 지니는 관광지로서의 매력을 먼저 발견한 것은 외국인 관광객들이었습니다. 아직 을지로가 '힙지로'라 불리지 않던 10여 년 전부터 저의 외국인 친구들은 한국에 올 때마다 을지로2·3가의 어느 게스트하우스에 묵고는 했습니다. 그 당시 저는 '여기가 뭐가 좋다고 여기에 숙소를 잡나?' 하는 생각을 했습니다. 하지만 외국인들에게는 그런 원도심이야말로 가장 한국적인 느낌을 주는 곳이었던 것입니다. 경복궁이나 남산 한옥마을이 아니라, 서울 사대문 안의 복닥복닥한 골목길이야말로 한국에만 존재하는 공간입니다. 이렇게 외국인들이 먼저 을지로를 발견하고 나서 3~4년이 지나니 젊은 분들이 을지로에 나타나기 시작했습니다. 힙지로의 탄생입니다.

그 뒤로 원도심을 걷다가 외국인들이 묵을 것 같은 게스트하우스가 보이면 '여기도 곧 힙해지겠구나' 하는 예측을 합니다. 지난 몇 년간은 서울 동대문 북쪽의 종로5·6가 일대에 이런 게스트하우스가 부쩍 늘고 있습니다. 이 블록은 예전에 '피맛골'이라 불리던 공간이지요. 광화문과 종각만 다니던 분들은 피맛골이 없어졌다는 말씀들을 하시던데, 아닙니다. 피맛골은 종로3~6가의 남북에 아직 멀쩡히 살아 있습니다. 그 골목에서는 예전 방식의 방석집·맥양집이 영업하고 있고, 그 틈새로 게스트하우스가 하나둘 생겨나고 있습니다.

| 사진 1 | 종로6가 피맛길에는 예전 방식의 방석집과 게스트하우스가 공존하고 있습니다. 2019년 2월

| 사진 2 | 종로6가 맞은편의 창신동 골목길에도 힙한 카페들이 조금씩 들어서고 있습니다. 2020년 10월

신도시 속 원도심이 기능할 수 있는 배려가 필요하다

원도심이 개발에서 비켜나면, 그곳은 먹자골목이 될 가능성이 큽니다. 원도심 인근의 직장인이나 아파트 입주민들이 자주 찾게 되지요. 만약 모든 원도심이 택지개발에 휘말릴 경우에는 신도시 바깥의 원도심이 그 기능을 맡게 됩니다. 경기도 평택 고덕국제신도시의 경우는 수도권전철 1호선 서정리역의 동쪽 블록이 원도심 역할을 맡고 있습니다. 세종정부청사 블록의 경우는 같은 세종특별자치시이기는 하지만 연담화되어 있지 않은 경부선 조치원역 주변 지역이 원도심 역할을 하고 있습니다. 또 세종특별자치시의 서쪽에 자리한 충청남도 공주 구도심도 똑같이 세종정부청사 블록의 원도심 기능을 하고 있습니다.

이런 사례들을 보면서 저는 신도시나 택지를 개발할 때 구역 안의 모든 원도심을 일괄적으로 철거하지 말고, 신도시 속의 원도심으로 기능할 수 있도록 일부 남겨두는 정책적 배려가 좀 더 이루어지면 좋겠다는 생각을 합니다. 그렇다고 서울의 돈의문 뉴타운사업 때 조성한 '돈의문 마을박물관'처럼 화석을 만들자는 이야기는 아닙니다. 굳이 뭔가를 '조성'하려 하지 말고 원도심이 그대로 기능할 수 있도록 놔두면, 결국 신도시 주민들에게도 이득이 될 것입니다.

미니 신도시에 산다고 밝힌 어떤 분은 수원 구도심에 갔다가 이런 감상을 SNS에 올렸습니다. "시간이 쌓인 도시, 그래서 온갖 사람이 대충 뒤섞여 있는 도시 매력적이지." 그리고 본인이 사는 미니 신도시는 살기는 편하지만 "솔직히 재미는 없다"고 적고 있습니다. 사람들에게는 원도심이 필요하다는 사실을 답사·임장하면서 절절히 느낍니다.

| 사진 3 | 수원 화성 안에 남아 있는 옛길들. 흔히 화성을 조선 국왕 정조가 건설한 신도시라고들 이야기하지만, 이런 구불구불한 길들은 그 당시 세계 다른 나라에서 건설되던 신도시나 지금 사람들이 생각하는 신도시에서는 보기 힘든 것입니다. 수원 화성이 신도시라는 말은 새로운 성을 쌓고 다른 지역 주민들을 이곳으로 이주시켰다는 정도로 이해하면 되겠습니다. 2021년 11월

원도심 개발을 둘러싼 주민들의 발발

최근 3기 신도시로 지정되어 토지 수용 절차가 진행 중인 경기도 남양주시 왕숙지구에는 진건문화마을이라는 블록이 있습니다. 이곳 주민들은 3기 신도시 개발 예정지에서 자신들의 마을을 제척해달라는 요구를 했지만, 최근 최종적으로 기각되었습니다. 모든 토지주·

건물주는 개발을 원한다는 생각을 하는 분들에게는 놀랍게도, 이분들은 자신들을 이대로 살게 내버려 두라는 요구를 한 것입니다. 정부 예산을 받아서 마을을 정비한 지 얼마 지나지 않은 상태였거든요.

이런 소식을 듣고 진건문화마을로 향했습니다. 현장에 가 보니, 진건문화마을은 신경춘로와 맞닿은 3기 신도시 블록의 끄트머리에 자리하고 있기 때문에 아파트를 지으면 훗날 소음 문제로 여러 가지 곤란함이 발생할 듯했습니다. 주민들이 신도시 편입을 원하지 않는 이런 끄트머리의 마을까지 굳이 개발하는 것은 자원 낭비라는 생각을 했습니다. 그리고 이 마을을 그대로 두면 나중에 3기 신도시의 원도심으로서 훌륭한 음식 거리가 될 것 같다는 느낌도 받았습니다. 음식 거리가 될 수 있는 멀쩡한 원도심을 철거하고 새로 상가를 지어서 비싼 임대료를 받고 싶은 것이겠지요.

이렇게 신도시의 끄트머리에 자리 잡고 있으니 개발에서 빼달라고 했다가 결국 철거된 원도심이 전국적으로 많이 있습니다. 현재 '진관뉴타운'으로 개발이 완료된 서울시 은평구와 고양시 덕양구의 경계 지역에 있던 한양주택이라는 단독주택 단지도 그런 사례입니다. 이 마을은 1996년에 서울시의 '아름다운 마을'로 선정되기도 했지만, 은평뉴타운에 편입되어 철거되었습니다.

개발 주체들이 이들의 행동을 알박기라고 비난하자, 이들은 오해를 피하기 위해서 문화재청에 근대문화유산 신청서를 제출합니다. 문화유산이 되면 재산상 불이익이 생기는 것이니, 본인들은 더 높은 보상을 바라고 이렇게 버티는 게 아니라는 뜻이었지요. 진건문화마을과 똑같은 행동이었습니다. 하지만 결국 한양주택은 철거되었습니다.

| 사진 4 | 진건문화마을회관. 철거 반대 운동이 끝나고, 보상에 대한 상담이 진행되고 있었습니다. 2022년 3월

| 사진 5 | 진건문화마을의 모습. 이대로 두면 음식 거리가 되든 단독주택지구가 되든 활용할 수 있을 텐데, 아깝습니다. 2022년 3월

반대로 은평뉴타운에 편입시키지 않고 보존할 예정이던 기자촌은, 주민들이 편입되기를 원했기에 개발 예정지에 편입되었습니다. 은평뉴타운 개발이 완료되고 나자, 은평구나 주민들은 기자촌의 주택이 모두 사라져버린 것을 뒤늦게 안타까워하고 있다고 합니다. 지금 은평뉴타운에 가보면 '한옥마을'이라는 신도시를 만들어둔 것을 볼 수 있습니다. 이렇게 원도심을 새로 만들 게 아니라, '조금만 앞을 내다보고 원도심을 조금이라도 남겨두면 좋을 텐데' 하는 생각을 답사하면서 많이 합니다. 예외를 두기 시작하면 사업 진행이 복잡해진다는 이유에서 개별 지역을 제척하지 않고 모두 철거하는 것이겠지만, 행정 편의를 우선시하는 발상에서 비롯된 낭비라는 생각을 지울 수가 없습니다.

그렇다고 해서 제가 모든 원도심의 블록이나 건물을 남기자고 하는 건 아닙니다. 재건축·재개발·신도시·택지개발 한 뒤에도 훌륭히 기능할 수 있는 곳을 선제적으로 판단해서 살리자는 이야기입니다. 지난 서울시장이 추진한 주공아파트 한 동 남기기 같은 것은 오히려 무의미합니다. 주공아파트에도 발전해온 과정이 있으니, 그 과정을 잘 보여주는 동이 몇 채나 남아 있는지 전국적으로 실태를 조사한 뒤에 보존 여부를 논의했어야 합니다. 서울의 주공·시영아파트에서 일률적으로 한 채씩 남기는 건 아무런 의미가 없습니다.

지금은 인천공항이 들어서 있는 영종도. 그곳에 공항 공사를 하기 전에 답사를 간 적이 있습니다. 월미도에서 배를 타고 영종도에 가서 백운산에 오른 뒤, 바닷가 마을 중간에 자리한 거대한 스파랜드에 들어간 기억이 있습니다. 이 건물은 지은 지도 얼마 되지 않았고 규모도 크니까, 앞으로 이 일대를 택지개발 하더라도 남겨두면 신도시 주민들이 잘 이용할 수 있겠다는 생각을 했습니다. 하지만 물론 이 건물도 철거되고 영종하늘도시가 건설되었지요.

기와집과 단독주택이 사라진다

한국의 택지개발 방식이 이렇다 보니, 아파트 단지가 아닌 개량 기와집이나 단독주택 같은 곳에 살고 싶어 하는 사람들의 선택지가 갈수록 줄어들고 있습니다.

많은 분이 생각하는 것과는 달리, 서울시에서 개량 기와집은 북촌·서촌보다 동대문의 바깥쪽에 더 많이 남아 있습니다. 북촌·서촌에서는 관광자원으로 쓸 기와집이 부족해서 고민인데, 동대문 바깥쪽에서는 20세기 전기에 지어진 개량 기와집 단지들이 재건축·뉴타운 대상이 되어 사라지고 있습니다. 이들 동대문 바깥의 개량 기와집 단지들은 일부 슬럼화되어 있는 등 앞으로 계속 활용하기 부적합하다고 판단되는 경우도 있습니다. 하지만 그런 중에도 꽤 잘 지은 개량 기와집 단지는 주변을 개발하더라도 남겨두면 잘 쓰이겠다는 생각을 하게 합니다. 개발을 민간에만 맡겨두지 말고, 관공서가 이런 공간자원을 전수조사해서 적절한 보존·활용계획을 수립하면 좋겠습니다.

| 사진 6 | 서울 강북 동대문 바깥의 어느 개량 기와집 단지. 2018년 5월

흔히 뾰족지붕으로 상징되는 양옥 단독주택 단지도 빠르게 사라지고 있습니다. 한때 한강 이남의 미래를 보여주는 땅으로 지목되었던 '개봉 60만 단지'. 서울시 구로구와 광명시에 걸친 60만 평의 땅에 조성된 이 대규모 단독주택 단지는, 최근 들어 특히 광명시 구역에서 고층아파트 단지로 재개발이 한창입니다. 개봉 60만 단지와 비슷한 시기인 1972년에 지금의 강남 지역에도 '영동 시영주택'이라는 단독주택 단지가 조성되었습니다. 하지만 서울 강남에서 주거의 미래는 단독주택이 아닌 아파트 단지였기에, 반세기가 지난 현재의 강남에서 영동 시영주택을 찾는 것은 모래사장에서 바늘 찾기만큼 어렵습니다.

이런 양옥 단독주택은 음식 거리에서는 레스토랑이나 카페로 활용되는 등 공간자원으로서 활용도가 높습니다. 하지만 김포공항에 인접한 서울시 강서구 개화동의 새말·부석·상사마을처럼 재개발이 곤란한 포인트에 있는 게 아닌 이상, 양옥 단독주택 단지 역시 오래 살기에는 재개발되지 않으리라는 보장이 없습니다. 그러니 만약 단독주택에 살고 싶은 분이 있다면, 고층아파트 단지로 재개발되지 않을 만한 '나쁜' 위치에 있는 단독주택에 입주하거나 건물을 짓는 게 좋겠습니다.

단독주택을 지어서 살고 싶은 의향이 있는 분들이라면 박철수·박인석의 『아파트와 바꾼 집: 아파트 전문가 교수 둘이 살구나무 집 지은 이야기』(동녘, 2011) 같은 책이 좋은 지침이 되어줄 것입니다. 재개발되지 않는 '나쁜 입지'를 찾아내는 게 특히 중요해 보였습니다.

| 사진 7 | 서울시 동대문구 신당동 박정희주택. 식민지 시기의 문화주택 가운데 실물이 남아 있는 드문 사례입니다. 2019년 1월

| 사진 8 | 서울시 강서구 개화동 새말·부석·상사마을을 찍은 위성사진. 카카오맵

| 사진 9 | 인천시 미추홀구 용현동에도 개봉·영동과 비슷한 시기에 조성된 인상적인 단독주택 단지가 있습니다. 2020년 10월

층고와 용적률 제한을
완화해야 한다

신축보다 몇십 년 묵은 고옥이 더 튼튼하다?

그간 한국의 재건축·재개발·신도시·택지개발을 보고 있으면, 법적으로 '노후 건축물'로 인정받을 수 있는 20년만 기다리고 있었다는 느낌을 받습니다. 〈재건축 '하세월'…서울 절반이 20년 이상 노후 아파트〉 같은 기사 제목만 보면, 서울의 절반이 노후 아파트여서 금방이라도 무너질 것 같은 공포를 느끼게 됩니다. 2019년에 발표된 〈제5차 국토종합계획〉에서도 "2018년 기준 30년 이상 경과한 노후 건축물 비율이 전체의 40% 수준이고, 2020년에는 50%까지 증가"해서 "크고 작은 인명 피해가 발생할 것"이라며 공포심을 자극하고 있습니다.

하지만 이 노후라는 개념은 상대적이어서, 지은 지 10년 만에 D등급 판정을 받은 아파트도 있고 50년이 넘도록 잘 버티고 있는 낙원상가 아파트 같은 건물도 있습니다. 현재는 저밀도의 건물을 재건축·재개발하는 이익이 크기 때문에 법적 연한인 20~30년에 당도하자마자 노후되었다고 간주하고 사업을 추진할 뿐입니다.

준공 후 20년이 지난 건물을 무조건 노후·불량 건축물로 규정하는 것은 구 도시정비법 시행령의 문제이며, 이 기간에 당도했다고 무조건 철거하면 안 된다는 판결이 2012년 대법원에서 나왔다는 사실은 잘 아실 터입니다. 이 '주택재건축사업 정비구역지정 처분취소' 판결에서는 "준공된 후 20년 등의 기간이 경과하였다는 것이 노후·불량 건축물에 해당하는지를 판단하는 유일한 기준이 된다고 할 수 없다"고 판시하고 있습니다. 그러니 준공 후 20년, 30년이 된 건물이라고 해서 금방이라도 무너질 것처럼 말하는 건, 엄밀히 말하면 불법적인 행위일 가능성이 있습니다.

물론 법률에서 이렇게 노후 건축물의 연한을 정해놓은 배경에는 부실시공이 정말로 심각했던 반세기 전의 상황이 존재합니다. 1963년 7월 18일자《경향신문》〈여적餘滴〉은 "몇십 년 묵은 고옥들은 쓰러지지 않아도 신축 가옥은 곧잘 무너지는 일이 많다"며 한탄합니다. 그 원인은 기초가 약하고 대개는 날림집으로 만들었기 때문이며, 그렇기에 서울의 새 집들은 거의 신용이 가지 않는다며 비판합니다. 한동안 전세로 살았던 서울시 서초구 반포동의 반포 주공아파트의 집도 제가 고등학생 때인 1990년대 초에 이미 천장이 절반 내려앉는 바람에 곤욕을 치른 적이 있습니다. 또 앞 장에서 언급했듯이 1기 신도시는 1980~1990년대 사이에 너무 급하게 지어서 부실공사의 증거들이 나타났기 때문에, 실제로 재건축을 하는 게 낫다는 생각을 합니다. 윤석열 정부의 부동산 정책 방향에 미루어 보건대 1기 신도시의 재건축 가능성이 현실화될 것 같습니다.

재개발과 재건축을 둘러싼 이권 다툼

강제적으로 노후 주택의 연한을 맞출 필요 없이, 재개발·재건축을 하고 싶으면 하게 하면 됩니다. 시장이 정할 문제입니다. 재건축·재개발을 무조건 불허하고 계속 기간을 늘리는 행위는 자본주의의 원칙에 위배된다고 생각합니다. 동시에, 일정 비율의 조합원이 개발에 찬성하면, 개발에 반대하는 토지주·건물주의 재산까지도 강제로 포함시키는 현행 방식 역시 자본주의의 원칙에 어긋난다고 생각합니다.

재건축·재개발·신도시·택지개발에 반대하는 사람들을 알박기라고 매도하고, 더 높은 보상을 원해서 저런다고 비난하는 목소리를 쉽게 듣습니다. 저는 자신의 재산에 대한 처분권을 불인정하고 강제 수용하는 것이 자본주의 원칙에 맞는 건지에 대해 근본적으로 의문을 품고 있습니다. 헌법 제23조 3항에서 "공공필요에 의한 재산권의 수용·사용 또는 제한 및 그에 대한 보상은 법률로써 하되, 정당한 보상을 지급하여야 한다"고 밝힌 대로, "정당한 보상"을 해야 합니다. 이 정당한 보상이 제대로 이루어지지 않았다고 믿는 시민이 많아지면 사회가 불안해집니다.

또 사업 추진 과정에서는 크고 작은 불법행위가 이루어집니다. 2018년 5월 31일에 광주고법 항소심 재판부는 광주시 서구 화정2지구에서 LH가 추진하던 개발이 절차적으로 불법이라는 개발 반대 측의 주장을 인정했습니다. 그 뒤로 이 지역은 소송을 일으킨 집 한 채만 남기고 주변 땅이 모두 빈 채로 몇 년간 남겨져 있습니다. 이것을 알박기라고 매도할 게 아니라 절차를 합법적으로 추진하지 않은 개발 주체를 비판해야 할 것입니다. 저는 도덕적 기준에서가 아니라 법적인 기준에서 알박기 논란에 동의하지 않습니다. 알박기 논쟁과 그린벨트제도는 근본적으로 사유재산권을 침해합니다.

| 사진 10 | LH 측이 사업 추진 과정에서 적법한 절차를 밟지 않았다는 판결에 따라 개발이 중단된 광주시 서구 화정2지구. 2020년 9월

도시의 가능성을 저해하는 층고 규제

한편, 이 책이 출간될 시점에 가장 화제가 되고 있는 것은 〈2040 서울 도시기본계획〉입니다. 여러 부동산 전문가가 각종 매체를 통해 이 〈2040 서울 도시기본계획〉을 자세히 설명하고 있습니다만, 제가 보기에 이 계획에서 중시해야 할 단 하나의 포인트는 35층 높이 규제를 삭제한 것입니다. 박원순 전 서울시장 시절인 2013년에 발표된 〈서울시 스카이라인 관리 원칙〉, 그리고 2014년에 발표된 〈2030 서울 도시기본계획〉에서 이 35층 규제가 확정되었지요. 저는 이 35층 원칙이 서울이라는 도시의 가능성을 저해하는 대단히 나쁜 규제였다고 생각합니다.

여기서 덧붙이자면, 도시 경관을 지키기 위해서는 건물들이 35층 정도로 규제되어야 한다는 전 서울시장의 신념은 그 한 사람만의 것이 아닙니다. 전 서울시장과 세계관을 공유하는 경기도 모 도시의 시장과 이야기를 나눌 기회가 있었습니다. 그 시장은 전 시장이 재건축 지역에 35층이 넘는 건물을 허가했다며, "끔찍하다"고 말했습니다. 자기 도시가 홍콩·싱가포르처럼 될까 봐 공포스럽다는 것이었습니다. 이 말을 듣고 저는 전 서울시장의 35층 층고 제한 원칙이 그 한 사람만의 것이 아니라 그가 속한 세대의 정치인들이 공유하고 있는 세계관에 입각한 것 같다고 생각하게 되었습니다. 저는 이런 세계관을, 서울·경기도 같은 대도시의 성장을 멈추어야 인간다움을 되찾을 수 있다고 믿는 어떤 세대의 정념에서 비롯된 것이라고 짐작합니다.

| 사진 11 | 세계 10위권의 경제 대국의 수도가 이렇게 나직나직해서는 안 됩니다. 2021년 10월

고층빌딩으로 도시 거주 수요를 흡수해야 한다

거듭 말하지만, 저는 서울시의 35층 원칙이 대단히 나쁜 규제였다고 생각합니다. 홍콩·싱가포르의 도시 구조를 왜 비인간적이라고 생각하는지 납득할 수 없습니다. 무엇보다, 사유재산인 토지에 고층빌딩을 짓겠다는 공급자가 있고, 또 그 고층빌딩에 살겠다는 수요자가 있는데 정부·지자체의 수장들이 자신의 세계관을 관철하기 위해 이 수요와 공급을 억누르는 것은 반反자본주의적이라고 생각합니다.

서울 강남에 100층짜리 건물을 짓겠다고 하면 짓게 하면 됩니다. 그 대신 일정 부분을 임대주택으로 할당해서 자산 불평등을 완화하면 됩니다. 100층짜리 건물들이 밀집한 블록에 사람들이 살다가 불편해지면, 어느 순간부터 그 블록의 인기가 떨어져서 가격이 내려갈 것입니다. 그러면 공급 측은 많은 수요를 기대할 수 있는 적절한 충고를 찾아내기 위해 여러 가지 시도를 할 것입니다. 이것이 자본주의적으로 도시를 발전시키는 방법입니다. 이런 수요-공급 원칙을 인위적으로 억누르다 보니, 낮은 건물들이 한없이 농촌 지역으로 퍼져 나가면서 환경을 파괴하는 스프롤 현상이 벌어지고 있습니다. 에드워드 글레이저가 『도시의 승리』(해냄, 2021)에서 말했듯이, 도심에 고층 빌딩을 지어서 도시 거주 수요를 흡수시키고 직주근접을 달성하는 것이 친환경적입니다. 서울 같은 대도시에 '마을'을 구현하려는 사람들은 도시 주변의 택지개발을 유발시켜서 결과적으로 도시 외곽의 '마을'들을 파괴하고 있는 것입니다.

도시 핵심부에 살고 싶어 하는 사람들이 있는 한 100층짜리 건물, 용적률 500%짜리 아파트 단지에는 수요가 존재할 것입니다. 어떤 사람들은 이런 건물이나 아파트 단지의 주거환경이 나빠질 것을 우려합니다. 하지만 그건 그곳에서 살 사람들이 판단할 문제입니다. 일단 지켜봅시다. 실제로 주거환경이 나빠지면 저절로 수요가 줄 것입니다. 서울을 비롯한 한국의 대도시는 아직 이렇게 수요-공급 곡선이 작동하는 것을 한 번도 본 적이 없습니다.

현재 서울시의 인구가 감소하고 경기도의 인구가 증가하고 있습니다. 특히 청년 인구의 차이가 큽니다. 지방자치제도가 실시되기 전에는 국가적 차원에서 서울과 경기도가 큰 틀에서 기능을 분담하고 있었습니다. 하지만 지방자치제도가 시작된 뒤에는 지자체 간에 청장년층을 서로 더 많이 끌어들이려는 일종의 구인求人 경쟁이 시작되었습니다. 이런 관점에서 서울시는 실패한 것입니다.

이런 문제의식을 가지고 있는 저는 서울시가 층고와 용적률 제한을 과감히 풀어야 한다고 생각합니다. 최근 시작된 신속통합기획에서는 지역 특성과 주변 여건에 따라 층고 제한에 유연성을 보이고 있습니다. 하지만 저는 이것으로는 부족하다고 생각합니다.

서울이 왜 고층으로 뒤덮이면 안 될까?

저는 지난 2017년 7월부터 서울 및 인접한 경기도 일대를 걷고 사진으로 기록하는 작업을 하고 있습니다. 한편, 병역 복무 전후로 부산과 대구에서 지내고 일본 도쿄에서 유학한 기간 이외에는 수도권 지역에서 약 서른 번의 이사를 하며 지내고 있습니다. 그렇게 거의 평생을 수도권에서 지내고, 또한 뜻한 바 있어 만 2년간 수도권 구석구석을 답사하는 과정에서 발견하고 고민한 것들이 적지 않습니다.

현재 한국과 대서울의 중상층 시민들은 대체로 고층아파트 단지에 살고 있는 것 같습니다. 그 정도의 재산이 없는 저도 초등학생 때부터 대학생 때까지 잠실과 반포의 아파트 단지에서 전세와 월세로 살아왔습니다. 이런 삶을 살다 보니, 주변에서 만나게 되는 동료 시민들 역시 5층짜리 주공·시영아파트든, 여러 외국어를 섞어 창작한 기묘한 이름의 고층아파트 단지든, 주로 한강 이남의 아파트 단지에 사는 경우가 많습니다.

그러다가 2017년부터 대서울을 답사하기 시작하면서, 대서울에서 가장 많이 볼 수 있는 주거 형태는 아파트가 아니라 빌라와 단독주택이라는 사실을 알게 되었습니다. 그리고 빌라와 단독주택이 밀집한 지역은 거의 전부가 재건축·재개발 예정 지역으로 지정되어 있고, 재건축·재개발 여부를 둘러싸고 문자 그대로 생명과 재산을 건 전쟁이 벌어지고 있음을 확인했습니다.

현지에서 넓은 평수의 토지와 건물을 가진 사람이나 외지(주로 서울 강남) 사람들은 그 빌라와 단독주택을 싹 밀어내고 고층아파트 단지나 주상복합을 짓고 싶어합니다. 좁은 평수의 소유주나 세입자는 지금 그대로 그곳에 살고 싶어 합니다. 해당 지역의 동사무소·구청은 그 지역이 재개발·재건축되어 가난한 사람들이 사라지고 중상층 주민들이 새로 입주하면 세수도 오르고 대학 진학률도 높아진다는 이유에서 재개발·재건축에 우호적인 입장을 취하는 경우가 많습니다.

이러한 움직임에 반대하는 사람들은 전근대 농촌 지역에 존재했다고 여겨지는 '정겹고 따뜻한 마을 공동체'를 대서울의 단독주택·빌라 지역에서도 구현할 수 있다고 믿는 것 같습니다. 그리고 그들은 대서울, 특히 서울 강남 지역의 아파트 단지와 주상복합과 상업용도 건물이 너무 높다면서 층고를 제한하고 용적률을 낮추는 데 열심입니다. 이런 입장의 시민들은 대서울이 홍콩이나 싱가포르처럼 고층 빌딩으로 덮이면 안 된다는 신념을 지니고 있는 것 같습니다.

서울의 재건축과 재개발에 대한 생각

저는 대서울을 걸으면서 이 두 가지 견해의 중간 입장을 취하게 되었습니다.

우선 건물의 층고와 용적률 제한을 완화해야 합니다. 한국의 출생률이 떨어지고 지방 인구가 줄고 있지만 대서울의 인구는 줄지 않고 있습니다. 이러한 추세를 억제하기 위해 대서울의 신축·재건축·재개발을 제한한다고 해서 그 인구가 다시 지방으로 가지는 않습니다. 여러 도시계획 연구자들이 말하듯, 인구의 도시 집중이 혁신을 만들어냅니다. 대서울을 저층·저밀도 도시로 만드는 것은 이러한 흐름에 역행하는 것입니다.

다만 지금 강남 일부 지역에서 보듯이 단일한 형태의 고층건물을 무한히 세우는 것이 아니라, 다양한 높이와 넓이의 건물을 섞어야 집적의 힘이 최대화될 것입니다. 저는 창덕궁, 을지로 일부, 풍납토성, 부평 일부와 같이 역사적 가치가 높은 몇몇 지역을 제외한 대서울의 나머지 지역이 뉴욕·도쿄·상하이처럼 초고층빌딩을 비롯한 다양한 층고의 빌딩군으로 덮인 모습을 보고 싶습니다.

다음으로, 재건축·재개발 과정을 정부가 적극적으로 주도·중재해야 합니다. 1983년에 합동재개발 방식이 시작되면서부터는 민간이 재개발을 주도하고 정부는 그 과정에 가급적 개입하지 않는 태도를 취하고 있습니다. 그 결과가 대서울 곳곳의 재건축·재개발 지역에서 일어나고 있는 세입자·건물주·토지주·외지자본 간의 전쟁입니다.

마지막으로, 그러한 주도·개입을 통해 중앙정부·지자체는 대서울 외곽에 신도시를 조성하기보다 도심에 더 많은 임대주택을 지어야 합니다. 대서울 구석구석을 걷다 보면 실제로 열악한 상황에 처한 건물과 구획을 많이 확인합니다. 많은 지자체와 개발 세력은 이런 지역을 싹 밀어버리고 고층아파트·주상복합을 지어서 환경을 개선하자고 주장하고, 일부 지자체 및 시민단체는 개발로 인해 현재 그곳에 살고 있는 주민들이 밀려나므로 반대한다는 입장을 취합니다.

이런 지역을 개발한 뒤에 들어서는 고층아파트·주상복합은 산술적으로 이전 인구를 모두 수용하지 못합니다. 그뿐 아니라, 현재 그 지역에 살고 있는 주민들은 새로 들어서는 주거에 재입주할 형편이 되지 못하는 경우가 대부분입니다. 그러니 현재의 주민들은 목숨을 걸고 재건축·재개발에 반대할 수밖에 없습니다.

그리고 현재 고층아파트·주상복합이 지어져 있는 지역을 제외한 대서울의 대부분 지역 주민들은 언제 자기 집과 마을이 사라질지 모르는 불안을 느끼고 있습니다. 처음 와서 본 구도심의 모습이 마지막으로 보는 구도심의 모습인 경우가 많습니다. 한국의 재건축·재개발은 모든 도심 지역이 고층아파트 단지와 오피스 빌딩으로 바뀌어야 비로소 일단락될 것이라는 생각까지 들고는 합니다. 사회 분위기가 이래서는 안정적인 삶의 영위와 행정이 불가능합니다.

이러한 상황을 타개하려면 신축·재건축 건물의 층고와 용적률 제한을 과감히 완화해줘야 합니다. 그리고 그 대신 기부채납 방식으로

| 사진 12 | 충청남도 당진시 송악읍 기지시리. 외곽의 택지지구에 건설된 아파트 단지들이 마치 로마 군단처럼 원도심을 향해 진군해들어오고 있습니다. 2022년 2월

장기 임대주택을 대서울 곳곳에 만들어야 합니다. 현재까지의 임대주택 운영 방식에 대해서는 많은 비판이 있음을 알고 있습니다. 하나의 아파트 단지 안에서도 분양과 임대를 섞는 방식에 대해서도 폐해와 갈등이 있음을 저 역시 답사하면서 확인하고 있습니다.

| 사진 13 | 서울시 동대문구의 어느 아파트 단지에서는 일반 분양 아파트 단지와 임대 아파트 단지를 이렇게 눈에 보이게 구분하고 있었습니다. 2019년 8월

하지만 그렇다고 해서 공영 임대주택 건설을 멈출 것이 아니라, 더욱 많은 임대주택을 더욱 다양한 넓이로 지어서 대서울 곳곳에 뿌려야 합니다. 그렇게 해서 임대주택이 대서울의 일반적인 주거 형태

로 당연하게 받아들여지는 수준에 이른다면, 현행 재건축·재개발 방식이 초래하는 지역 파괴와 중하층 시민의 교외로의 추방이라는 문제가 어느 정도는 해결될 수 있으리라 생각합니다.

용적률 제한은 도시의 생명을 파괴한다

특히 용적률과 관련해서 말씀하자면, 최근 용적률 500%에 육박하는 화서역파크푸르지오가 수원시 서부의 원도심에 들어섰고, 용적률 1000%에 달하는 한양 수자인 그라시엘이 서울의 원도심 가운데 하나인 청량리역 인근에 들어섰습니다. 화서역파크푸르지오에 대해서

| 사진 14 | 용적률이 500%에 육박하는 수원 화서역파크푸르지오. 2022년 4월

| 사진 15 | 용적률이 1000%에 육박하는 한양 수자인 그라시엘. 2022년 3월

는 '닭장 아파트'라는 비판도 있지만, 이 아파트의 가격은 계속 상승 중입니다.

물론 입주민들이 '집값 떨어질까 봐' 불편한 점을 쉬쉬하고 있는 거라고 말할 수도 있겠지만, 하지만 말입니다, 잘 아시다시피 시장은 정직합니다. 이 입지 조건에 이 정도 조건이라면 문제없다고 생각하는 소비자가 많다는 사실은 증명된 것입니다.

대도시는 농촌이 아닙니다. 저는 서울과 부산 같은 세계적 대도시의 층고와 용적률을 제한해야 한다는 분들께 춘천과 전주에 가시라고 진지하게 권합니다. 저는 진심으로 춘천과 전주를 쾌적하고 살기 좋은 도시라고 생각해서 좋아합니다. 하지만 춘천·전주가 서울·부산의 미래는 아닙니다.

강북 사대문과 강남3구의 고도 제한·용적률 제한은 도시의 생명력을 파괴하는 행위입니다. 리처드 플로리다가 자신의 책 『도시는 왜 불평등한가』(매일경제신문사, 2018)에서 지적하듯이, 이미 그곳에 살고 있는 사람들이 다른 사람들의 진입을 막는 '도시 러다이즘'입니다. 층고와 용적률을 높이고, 그 대신 임대주택을 늘려야 도시의 혼종성이 유지되어 그 도시가 발전합니다.

한편 임대주택을 건설하는 측은 분양할 것을 염두에 두고 임대 기간을 짧게 설정하는 꼼수를 부리면 안 됩니다. 1971년에 준공한 서울 서남부의 개봉아파트는 임대 기간이 1~2년에 불과했습니다. 최근에는 경기도 용인시 보정동의 장기 일반민간 임대주택인 수지구청역롯데캐슬 하이브엘이 지나치게 비싼 임대보증금과 임대료를 설정하는 바람에 비판을 받았습니다.

이렇게 무늬만 임대주택인 사실상의 분양아파트들을 주로 지으니, 1989년에 서울시 강북구 번동에 영구 임대주택을 지으면서 준공식에 대통령이 참석하고, 대한주택공사는 동판까지 제작하는 등 온갖 생색을 냈습니다. 정부는 임대주택을 짓고, 좋은 집은 민간에 맡겨야 합니다.

| 사진 16 | 번동 영구 임대주택 준공을 기념해서 제작된 동판. 국토발전전시관 소장. 2021년 9월

아파트라는 주거 형태

마지막으로, 아파트라는 주거 형태에 대한 저의 생각을 말씀드리겠습니다. 주택 보급률이 100%를 넘었으니 더 이상 대규모 주거단지를 개발하면 안 된다는 주장을 하는 사람들이 있습니다. 하지만 '집'이라고 불리는 건물이 모두 똑같은 정도의 퀄리티를 갖추고 있는 건아닙니다. 개발 반대론자들은 좋은 집에 살고 있는지 모르겠지만, 돌

집처럼 형태만 간신히 '집'의 모습을 띤 건물을 전국 구석구석에서 너무나도 많이 보았습니다.

| 사진 17 | 피난민들이 절벽 아래의 돌을 주워다가 지은 부산 영도 이송도마을의 돌집. 이런 집과 고층아파트 단지를 우리는 모두 '집'이라고 부릅니다. 2022년 1월

숫자 장난만 할 것이 아니라, 고층아파트 단지개발에 대해 최대한 민간의 자율을 보장해주면서, 그 반대급부로 중하층 시민들을 위한 임대아파트를 최대한 많이 받아내는 게 정부와 지자체가 할 일입니다. 아파트 단지를 심정적으로 받아들이지 못하는 사람들이 있습니다. 하지만 아파트 단지는 한국에만 있는 주거 형태가 아닙니다. 다른 나라에서도 널리 받아들여지고 있는 보편적인 주거 형태입니다.

아파트 단지는 현대 한국의 개발 과정에서 필연에 가깝게 선택된 주거 형태입니다. 아파트공화국이니, 전체주의적 민족성이니 하는 식으로 쉽게 비판하면 안 됩니다.

| 사진 18 | 1970년대에 헬싱키시 동쪽 메리코르티티에 지역에 조성된 집합주택 단지. 핀란드판 주공아파트라고 하면 딱 맞는 아파트 단지입니다. 2019년 4월

아파트 단지는 지난 정부들이 정책적으로 판단한 결과 선택된 주거 형태입니다. 1975년에 건설부가 작성한 〈국토계획의 장기구상-2000년대의 국토상(본보고서)〉에서는 "아파트와 같은 집합주택이 일반화되어 주거환경은 훨씬 더 개선되나 1인당 택지 수요는 현 수

준보다 오히려 줄어들 것"이라고 예측합니다. 집합주택은 상대적으로 좁은 땅을 활용하면서 주거환경은 개선할 수 있는 유력한 주거 양식이라는 것입니다. 1979년에 중화학기획단이 작성한 〈2000년대의 국토구상〉에서는 이렇게 해서 절약될 용지를 약 680km²로 추정합니다. 또한, 에너지를 효율적으로 이용한다는 측면에서도 아파트라는 주거 형태가 권장되고 있습니다.

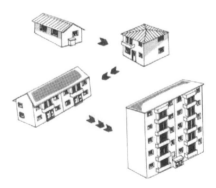

家庭 및 商業部門

家庭 및 商業部門의 「에너지」는 主로 冷暖房用에 大部分 消費하고 있다.

첫째 : 冷暖房「에너지」의 效率提高는 建築資材를 斷熱材로 使用하여야 한다. 斷熱材의 使用은 熱效率을 60%까지 提高시킬수 있음을 생각할때 低廉한 斷熱材의 開發은 앞으로 1家口 1住宅 目標達成과 함께 가장 時急히 推進되어야 할 課題이다.

둘째 : 住宅의 型態를 單独住宅에서 聯立 또는「아파트」型으로 改善해야 한다.

셋째 : 「太陽의 집」 建設의 積極的인 推進이다. 이와 關聯하여 效率높은 集熱板의 開發 , 熱貯藏媒體의 開發 등 技術開發이 積極 推進되어야 한다.

| 사진 19 | 〈2000년대의 국토구상〉(1979)에 실린 〈가정 및 상업부문〉의 에너지 절약 방안. 아파트가 이상적인 건물 형태로서 장려되고 있습니다.

지난 반세기 동안의 국가 프로젝트를 한마디로 요약하자면, 국토

를 수평으로 넓히는 것이 간척사업이었고 수직으로 넓히는 것이 아파트였습니다. 간척사업은 새만금·석문단지 등에서 보듯, 서서히 효용이 한계에 도달하고 있습니다. 하지만 고층아파트 단지는 아직도 위로 올라갈 여지가 많습니다. 수직을 두려워하는 사람들이 있습니다. 수직으로 국토를 넓혀야 합니다.

GTX는 과연 모두 개통될까?

GTX 철도 노선, 과연 언제 완공될까?

요즘 경기도 신도시 지역의 최대 관심사는 수도권 광역급행철도, 이른바 GTX 철도 노선일 것입니다. 경기도 어디를 가도 GTX가 자기 지역에 정차하기로 했다거나 힘을 합쳐 정차시키자는 플래카드를 쉽게 봅니다. 특히 GTX-D 노선을 둘러싸고는 이 책을 쓰고 있는 2022년 4월 시점에도 엎치락뒤치락이 계속되고 있는데요. 원래 GTX-D 노선은 김포에서 하남과 서울 강남까지 운행하기로 했다가, 2021년 6월에 발표된 〈4차 국가철도망계획〉에서 김포 장기와 부천 종합운동장을 잇는 김부선 노선으로 확정되면서 그야말로 난리가 났지요. 다만 이 계획에서는 GTX-B 노선을 이용해서 용산까지 연장 운행하는

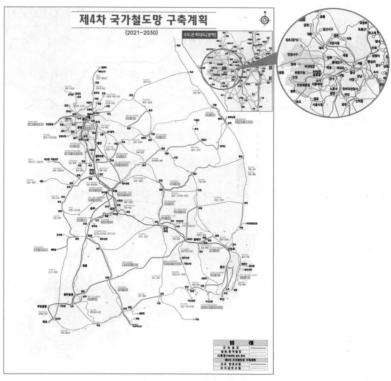

| 사진 20 | 〈제4차 국가철도망계획〉에 실린 〈김포 장기-부천 종합운동장 간 GTX-D 노선도〉

가능성이 제시되기는 했습니다.

　김부선 노선이 발표되고 나서 3개월 뒤인 2021년 9월에 서울시 강서구 방화동을 답사하다가, GTX-D가 김포공항-여의도-삼성-하남시청으로 이어질 것이라는 예전 정보를 여전히 내걸고 있는 분양 광고를 접했습니다. '이 노선이 취소된 지 3개월이나 지났는데 아직도 이렇게 내걸고 있으면 과장 광고 아닌가?'라는 생각을 했습니다.

　그런데 지난 대통령선거 유세가 진행되던 2022년 1월 7일, 당시

| 사진 21 | GTX-D가 김포에서 부천까지만 운행하기로 정해지고 나서도 예전 노선도를 게시하고 있던 모 분양 현장. 2021년 9월

후보였던 윤석열 대통령은 GTX-D를 원안대로 되돌린다는 내용의 〈"수도권 어디서나 30분 출근 시대 연다"-2기 GTX 3개 노선 추가 건설〉이라는 공약을 발표했습니다. "D 노선은 수도권 남부에서 동·서를 잇는다. 김포-대장-신림-사당-삼성-하남-팔당 라인을 기본으로, 삼성에서 분기되어 삼성-수서-광주-여주를 잇는 라인을 추가해 옆으로 눕힌 Y자 형태로 건설한다"는 것입니다. 이렇게 되면, 앞에서 언급한 방화동의 분양 광고는 과장 광고가 아니라 미래의 호재를 예측한 것이 됩니다.

물론, 공약에 포함되어 있다고 해서 모두 실현된다고 볼 수는 없습니다. 당장 대통령선거 당시 윤석열 후보가 경인 지역을 대상으로 내놓은 '경인선 철도와 경인고속도로 지하화' 공약은 그동안 다른 정치인들에 의해서도 여러 차례 제시되었던 것입니다. 그동안 이 공약이 지켜지지 못했다는 것이고, 이는 경인선 철도와 경인고속도로 지하화가 그만큼 어려운 사업이라는 뜻입니다.

2019년 10월 31일에 국토교통부가 발표한 〈광역교통2030〉에 대해서도 "이번 개발계획 상당수가 이미 발표된 '재탕' 정책인 데다 현실성이 높지 않다"는 지적이 많습니다. 2021년에 발표된 〈제4차 국가

철도망 구축계획(2021~2030)〉에 대해서도 마찬가지로, "제대로 연구를 했다기보다는 지자체에서 건설을 요구한 것 중에서 골라서 정리한 수준에 불과하다"는 이야기가 나옵니다.

이들 계획에 포함된 GTX 노선들 가운데 A 노선만 착공되었고, B·C 노선은 언제 착공이 시작될지 알 수 없습니다. 세간에서는 결국 서울 강남을 통과하는 GTX 노선만 실제로 완공을 볼 수 있으리라는 예상이 나돌고 있기도 합니다. 지난 100년간, 동해선·비인선·서해안선·담양선처럼 선거를 앞두고 공약으로 제시되어 실제로 삽까지 떴다가 중단된 노선이 무수히 존재하는 것을 보면, 이러한 예상은 단순한 우려에 그치지 않을 가능성도 있습니다.

철도 건설을 둘러싼 정치적 역사

철도 건설 공약이 봇물처럼 쏟아진 대표적인 시기는 반세기 전인 1967년의 제6대 대통령선거(5월 3일)와 제7대 국회의원선거(6월 8일) 때입니다. 선거로부터 2년 전인 1965년 6월 1일에 교통부는 18개 철도 노선을 신설하겠다고 발표합니다. 하지만 규모가 너무 거대하다는 지적이 있자, 박정희 대통령은 서해선 등의 노선에 대해서는 국제부흥개발은행IBRD: International Bank for Reconstruction and Development에 타당성조사를 맡겨서 그 결과에 따르겠다는 유보적인 입장을 1966년 4월 27일에 드러냈습니다. 그리고 같은 달 15일, 국제부흥개발은행 조사단은 2차 경제개발5개년계획으로 철도청이 신설하려고 계획 중인 22개의 노선 가운데 8개 선만 빼고 나머지는 "신설할 가치가 없다"는 보고서를 제출했습니다. 또 이미 완공된 진주-삼천포 간 진삼선 등의 노선도 철거하라고 건의했습니다.

이때 국제부흥개발은행이 제출한 보고서 〈한국 교통조사보고서 초안〉(1966)은 오늘날까지 사회에 영향을 미치고 있습니다. 이 보고서에서는, 한국에서는 철도와 도로가 불균형하게 발달해 있으며, 앞으로 철도보다는 도로에 투자를 해야 한다는 결론을 내리고 있습니다.

> 주요 발견사항 및 결론: 한국 육운의 가장 특이한 양상은 철도와 공로의 수송 역할이 불균형된 점인 것이다. 1965년 말 철도망은 3000km였다(도시 가로 포함). 자동차의 총 대수는 단지 41000대로서 700인구당 1대의 비율을 보이며 이는 세계에서 가장 낮은 비율이다. 현재까지 이러한 실정은 정상적인 것으로 생각되었다. 당초 계획은 제2차 5개년계획 기간 중에 1500km의 철도를 신설하는 반면 공로에는 철도의 1/3.5의 투자를 할 것이었다. 이러한 경향을 역전시킬 필요성이 있다는 것이 아마도 본 교통조사의 가장 중요한 결론일 것이다. 바야흐로 발전도상에 있는 한국은 두 가지 형태의 교통수단에 조화된 효용성을 이루기 위하여 공로운수에 많은 관심이 있어야 한다. 그렇지 않고는 경제발전이 저해될 것이다.

이 보고서에 따라 박정희 정부는 일부 산업철도를 제외한 철도 건설을 중단하고, 그 대신 경부고속도로와 같은 도로 교통을 건설하기 시작합니다. 그로부터 반세기가 지난 지금, 도로망은 전국 구석구석에 깔려 있지만, 그간 철도에 대한 투자가 부족했다 보니 뒤늦게 GTX 등의 광역철도망을 구축한다고 천문학적인 예산이 투입되고 있습니다. 이 보고서는 그만큼 오늘날 한국을 만들어낸 중요한 존재입니다.

국제부흥개발은행의 이러한 권고에 따라, 정부는 철도를 새로 건설하기보다는 기존의 철도를 개량하는 방향으로 정책을 선회합니다. 하지만 식민지 시기부터 도로보다는 철도에 익숙한 한국 시민들은 정치인들에게 끊임없이 철도 신설을 요구했습니다. 여당인 공화당은 이러한 요구를 적극적으로 받아들이는 태도를 보였습니다.

1966년 11월 23일에는 야당이 퇴장한 가운데 여당이 〈철도사업 특별회계〉를 단독으로 통과시켰습니다. 이때 김제-학교 간에 부설하기로 한 서해안선이 큰 문제였습니다. 당시 여당은 총 공사비로 53억 원이 예상되는 이 서해안선의 건설 예산으로 겨우 5천만 원을 반영하자고 주장했습니다. 게다가 이 예산은 정부 원안에 없던 것이었습니다. "푸대접을 받고 있다고 아우성인 호남을 위한 배려"라는 지적이 여당 내에서도 나왔습니다. 야당 민중당의 신인우 의원은, 앞으로 서해안선을 지나는 열차는 '푸대접 푸대접…' 소리를 내며 달릴 거라고 야유했습니다.

같은 민중당의 진기배 의원은 "예산안 중 얼마를 뚝 떼어 서로 나눠 먹기 위한 특별위원회를 두도록 국회법 개정을 하는 게 어떠냐"고

비꼬았습니다. 또 "김삼선을 백구선(김천의 백남억, 진주의 구태회 의원의 성을 딴 것), 부여선을 김양선(부여의 김종필, 논산의 양순직 의원), 서해안선을 장배선(김제의 장경순, 무안의 배길도 의원)이라고 부르면 자손 만대에 이름이 남지 않겠느냐"고 말하기도 했습니다.

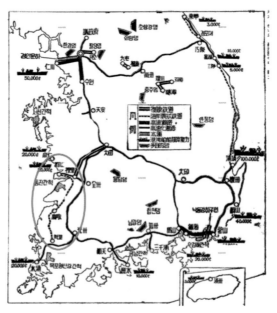

| 사진 22 | 김제-학교 간 서해안선 노선이 실린 1967년 8월 17일자 《경향신문》 기사 〈백년대계의 청사진〉

선거가 끝나자 방치되어버린 철도 노선

이렇게 여당 단독으로 예산안을 통과시키고, 서해안선 기공식에 박정희 대통령이 참석하는 등 1967년의 대선과 총선을 앞두고 철도는 공약의 핵심 아이템이 되었습니다. 하지만 서해안선, 군산대교, 김삼선처럼 당시 기공식을 올린 토건사업들은 필요한 전체 예산의 1% 미만만이 책정되어 있을 뿐이었습니다. 선거를 앞둔 기공식이라는 사실이 노골적으로 드러나는 대목입니다. 실제로 선거가 끝나자 이들 노선은 착공했음에도 불구하고 그대로 방치되었습니다.

1972년 1월 19일자 《경향신문》 기사에 따르면, 박정희 대통령은 서해안선·김삼선이 기공식을 올린 뒤에 공사가 중단되었다고 지적하며 "이런 무계획적인 사업은 절대로 없도록 하라"는 지시를 내렸다고 합니다. 선거를 앞두고 직접 기공식에 참석하기도 했던 대통령이 선거 뒤에 책임을 회

| 사진 23 | 1967년 3월 22일자 《경향신문》 기사 〈군산대교 기공-장항과 연결〉

피하면서 한발 물러난 것이지요. 이렇게 철도 건설 공약을 내세웠다가 입장을 바꾼 사람이 박정희 대통령만은 아니었지요. 그래서 저는 아무리 철도 건설을 공약으로 내걸고 계획안을 발표하고 기공식을 해도, 그 철도 노선은 완공되기 전까지는 정말로 실현 가능한 것인지 최대한 보수적으로 지켜보아야 한다는 입장을 견지하고 있습니다.

다만, 1967년에 박정희 대통령이 기공식에 참석한 군산-장항 간 군산대교는 반세기가 흐른 2018년에 동백대교라는 이름으로 완공되

었고, 경인운하와 행정수도 역시 아라뱃길과 세종시라는 형태로 실현되었습니다. 김천-진주-삼천포를 잇는 김삼선은 백남억·구태회 의원이 주장했다고 해서 백구선이라는 비아냥을 받으며 결국 중단되었지만, 반세기 만에 남부내륙철도라는 이름으로 일부 구간이 실현될 예정입니다.

김삼선은 예전에 발표되었던 국가 프로젝트에 지속적으로 관심을 보일 필요가 있다는 교훈을 주기도 합니다. 예전부터 계획되었던 수도권전철 1~12호선 가운데 IMF로 잠시 건설이 중단되었던 3기 지하철 9~12호선도 결국 대부분 부활했습니다. 1972년에 폐선되었던 수원-여주 간 수려선 노선도 수인분당선·용인에버라인·경강선으로 일부 부활했고, 1944년에 역이 철거되었던 경기도 이천시 장호원에도 다시 중부내륙선 감곡장호원역이 들어섰습니다.

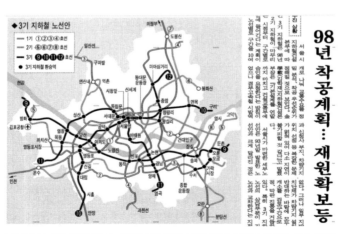

| 사진 24 | 3기 지하철 예정 노선안이 실린 1996년 12월 1일자 《조선일보》 기사 〈3기 지하철 앞길 순탄한가〉

철도를 공부하면
투자의 미래가 보인다

철도가 놓이면서 발전한 지역들

지형은 시대에 따라 변하는 것이 아니어서, 한번 철도가 놓인 노선에는 다시 철도가 놓일 가능성이 있습니다. 그렇기 때문에 예전의 철도 노선도를 공부해두면 미래 투자를 위한 지침이 될 것입니다. 하지만 한번 계획이 취소되었거나 폐선된 노선이 부활하는 데에는 많은 시일이 필요하기 때문에 초장기 투자를 할 것이 아니라면 다른 투자 대상을 찾는 것이 낫겠다는 생각을 동시에 하게 됩니다.

철도가 놓이면서 발전하게 된 지역은 당연히 많습니다. 특히 부천시는 경인선이 놓이면서 지금의 남부 지역이 발달했고, 수도권전철 7호선이 개통되면서 중부 지역이 발전했습니다. 도시설계학자 김형만은 "지하철 1호선이 개통된 이후 나타난 현상 중 커다란 변화는 지금의 부천시가 급격한 인구 증가 현상이 나타나기 시작했습니다"[29]라고 했지요. 부천이 보여주듯이, 여객 철도가 놓이면 당연히 주변 도시가 번성하리라는 예측을 할 수 있습니다. 그래서 최근 수도권전철 5호선이 연장된 하남시, 7호선이 연장된 인천시 부평과 연장 예정인 인천시 청라 및 포천시(도봉산옥정선과 양주포천선으로 구분), 4호선이 연장되었고 9호선도 연장될 예정인 남양주시의 해당 지역이 주목받고 있습니다.

하남시야 5호선이 연장되기 전부터 이미 성남·과천에 이은 또 하나의 강남으로 뜨고 있던 지역이니 별도로 치더라도, 여러 개의 철도 노선이 연장되고 있는 남양주시는 현장을 들를 때마다 시 전체가 들썩거리는 느낌을 받습니다. 어떤 남양주 시민분은 2022년 3월 19일에 연장 개통한 4호선 진접선에 대한 기대감을 이렇게 표현하더군요. "너무 좋아, 진짜 용나편해. 광역버스 이제 안녕 ^^" 광역버스의 문제는 뒤에서 살펴보겠습니다만, 경기도 신도시에 사는 시민분들이라면 이분의 코멘트에 120% 공감할 것입니다.

4호선 진접역은 진접읍의 구도심인 왕숙천 북쪽 기슭이 아닌, 왕숙천 남쪽에 설치되었습니다. 왕숙천 남쪽의 오남역-진접역 라인으로 진접2공공주택지구가 형성되어 있고, 진접역 동북쪽에 경복대학

---

29 대한국토 도시계획학회, 앞의 책, 김형만 인터뷰

교 남양주캠퍼스, 대경대학교 서울한류캠퍼스까지 있어서 이들을 수요로 노린 것으로 보입니다. 또한 4호선 진접선이 개통되면서, 그간 개발사업이 여러 차례 중단되었던 당고개역 주변의 빈민촌이 전체적으로 재개발될 가능성도 있습니다.

| 사진 25 | 2022년 3월 19일에 개통한 수도권전철 4호선 진접역. "4호선 진접역 10초! 초초! 역세권 상가 분양!!!"이라는 플래카드가 붙어 있습니다. 10초는 아니지만, 정말로 지하철 출입구 바로 근처이기는 했습니다. 2022년 3월

| 사진 26 | 4호선이 남양주까지 연장되면서, 당고개역 주변에서 재개발 움직임이 다시 한번 활발해질 것으로 예상됩니다. 2020년 1월

한편, 진접역에서 포천시까지는 멀지 않습니다. 포천의 남쪽 중심지인 소흘읍은 진접읍 방향이 아니라 남양주시 별내읍 및 의정부시 고산지구 방향에 더 가깝기는 하지만, 진접역이 생기면서 포천시와의 사이에 더욱 빈번한 교류가 생길 것으로 예상됩니다. 기존에도 동서울터미널에서 출발한 3000번 버스가 별내읍과 진접읍 구도심을 통과해 포천시청, 경복대학교 포천캠퍼스, 철원군청까지 운행했습니다. 이 노선이 2개의 경복대 캠퍼스를 통과하도록 진접읍내 노선을 수정할 가능성도 예상되고, 기존에도 서로 다른 중심지였던 소흘읍과 신읍동(및 그 이북) 일대가 더욱 원심력을 발휘할 가능성도 있습니다. 현재 7호선 옥정-포천 광역철도가 소흘과 신읍을 이을 예정이지만, 이 노선은 엄밀히 말하면 7호선의 연장이 아닌 사실상 별도의 노선이어서 갈아타야 합니다. 그렇기 때문에 포천시청 주변과 그 북쪽의 주민들은 서울의 어느 지역을 갈 것인가에 따라 2개의 전철 가운데 하나를 선택하게 될 것으로 보입니다.

희망고문에 시달리는 7호선

7호선은 여러 가지로 기구한 노선입니다. 현재 확정되어 있는 연장 구간까지 포함하면 포천에서 청라까지 총 연장 길이가 100km를 넘어갑니다. 이 정도 되면 도시철도를 놓을 게 아니라 처음부터 광역철도를 건설하는 것이 더 효율적일 것입니다. 포천에서 멈추지 말고 철원까지 연장하자는 이야기도 꾸준히 나오고 있어서, 이 연장 길이는 더 늘어날 가능성이 있습니다.

예전에 서울시 노원구의 중계역에서 구로구 대림역까지 출퇴근 하던 때에도 노선이 길어서 힘들다고 느꼈었는데, 청라부터 포천·철원까지 연장된다면 이 노선을 전부 타고 다닐 사람이 있을지 궁금합니다. 물론 7호선은 실제로 경기도 양주에서 일단 멈추고, 양주부터 포천까지 사실상 별도의 노선으로 운행되는 옥정-포천선으로 갈아타야 하기 때문에 청라에서 포천까지 한 번에 이동할 사람은 거의 없을 듯합니다.

의정부시 장암동과 신곡동 사이에는 7호선이 지금처럼 장암역에서 끝나지 않고 이곳까지 올라올 것으로 예상해서 설치했다고 전해지는 지하철역 시설이 남아 있습니다. 현재는 시민들이 사용하는 '장암아래뜰길'이라는 이름의 문화공간으로 용도가 바뀌어 있습니다. 또 청라호수공원에는 한동안 '7호선 청라 시티타워역 희망탑'이 설치되어 있었습니다. 결국 이 희망은 2027년에 실현되는 것으로 결론 났습니다. 이처럼 7호선은 설계 당시부터 오늘날까지 숱한 논란을 빚어왔습니다. 이렇게 논란이 일어나는 것은, 그만큼 7호선이 교통적으로 중요한 기능을 담당한다는 사실을 반증하는 것이기도 합니다.

| 사진 27 | 7호선 개통을 예상하고 만든 것으로 보이는 의정부시 장암동·신곡동의 지하철역 시설. 2020년 3월

GTX 역세권이 지하철 역세권과 같을까?

한편, 요즘 시민들은 철도를 놓는다고 하면 지하로 운행하는 여객철도, 또는 KTX가 운행하는 고속철도를 기대하는 경향이 있습니다. 부동산 업체들도 이런 식으로 과장해서 광고를 하는 경우를 자주 봅니다. 하지만 지상으로 운행하는 여객철도도 있고, 용인·의정부 경전철처럼 노선의 위치가 기대에 미치지 못한다는 비판을 받는 경우도 있습니다.

저는 GTX 역시 막상 개통이 되고 나면 이런 비판을 받을 여지가 있다고 추측합니다. 일반적으로 시민들이 익숙한 것보다 더 깊은 곳에 위치하고, 지하철보다 더 비싼 요금을 받고, 지하철보다 더 뜸한 배차 간격으로 운행할 것이 예상되는 GTX가 과연 수도권전철 2호선과 똑같은 효용감을 이용객들에게 제공할 수 있을지 미지수라고 보기 때문입니다. 그렇기 때문에 GTX 역세권에 관심을 가진 분들은 철도 전반에 대해 좀 더 차분히 살펴보면서 신중하게 살 곳where to live, where to buy을 고르는 것이 좋겠습니다.

오히려 도시 발달을 방해하는 화물철도

이보다 더 조심해야 하는 것은 여객을 취급하지 않는 화물철도입니다. 예전부터 화물철도가 놓이면 도시 발달이 더뎌지는 경향이 있습니다. 최근 화물철도 노선 가운데 주목도 받고 탈도 많은 것이 경기도 평택시 서부의 '평택-포승 간 화물철도', 충청남도 당진의 '석문산단 인입철도'입니다.

평택시 서부에서는 평택-포승 간 화물철도가 결국 여객도 취급하게 될 것이고, 현재 화물역으로 설계된 역 주변도 역세권이 될 것이라고 광고하는 부동산 업체가 많습니다. 이런 기대심리가 아예 허무맹랑한 것은 아닙니다. 한국개발연구원KDI이 작성한 〈2004년도 예비타당성조사 보고서-아산만 산업철도(포승-평택) 건설사업〉을 보면, "향후여객철도의 기능 또한 수행할 것"이라는 예측이 보고서 곳곳에서 확인됩니다.

하지만 2018년에 발표된 〈2035 평택 도시기본계획〉, 2021년에 경기경제자유구역청이 작성한 〈평택 포승$_{BIX}$지구 분양안내〉 등에 이 노선의 이름이 '평택-포승 간 산업철도'로 명기되어 있는 데에서 알 수 있듯이, 당분간 이 철도가 여객을 겸하게 될 가능성은 크지 않아 보입니다. 일부 부동산업자들은 몇 가지 자료를 제시하면서 이 노선이 결국 여객을 겸하게 될 것이라고 주장하고 있습니다. 그럴 수도

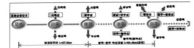

2.1 과업노선의 기능 및 성격규정

○ 본 과업노선은 포승~안중~평택 27.0km 단선철도로서 일차적으로 기존 경부선; 연계 평택(아산)항의 물동량을 수도권 각지로 원활히 수송하기 위한 산업철도'의 역할을 담당하게 됨.

○ 또한 본 과업노선은 향후 건설될 평택~원주 노선, 원주~강릉 노선 등과의 연결을 통해 장기적으로는 포승~평택~원주~강릉을 경유하는 동서내륙철도망의 역할을 담당하게 되는 바, 산업철도의 기능뿐만 아니라 동서내륙철도망의 시발노선으로서 여객철도 또한 수행할 것임.

○ 따라서 아산만 산업철도(포승~평택)는 동서내륙철도망의 시발노선으로서 가 경부선, 서해선 등 남북 방향 철도망과의 교차를 통해 화물과 여객을 수송하게 되 여 전 국토를 효율적으로 연결시키는 역할을 담당하게 될 것으로 예상됨.

| 사진 28 | KDI, 〈2004년도 예비타당성조사 보고서-아산만 산업철도(포승-평택) 건설사업〉에 실린 〈과업노선의 기능 및 성격규정〉

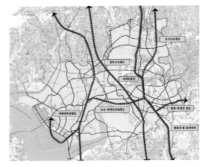

| 사진 29 | 〈2035 평택 도시기본계획〉에 실린 〈철도망 계획도〉

| 사진 30 | 경기경제자유구역청, 〈평택 포승(BIX)지구 분양안내〉(2021)에 보이는 '평택-포승 간 산업철도'

있지만, 단기간에는 쉽지 않을 겁니다.

또 어떤 부동산업자들은 평택-포승 간 화물철도에서 평택의 미군 부대로 들어가는 철도가 갈라지는 경기도 평택시 오성면 창내리 136-152에 자리한 창내신호장 또는 창내역이 '제2의 이태원'이니 '창내 역세권'이 될 것이라며 분양을 시도하기도 했습니다. 하지만 지도를 보면 아시겠지만 현재 이곳에는 기지촌이나 역세권이 형성되어 있지 않습니다. 신호장이란 열차가 교행·대피할 수 있는 시설만 갖추어진 곳이며, 여객은 물론 화물 취급도 하지 않습니다. 철도에 대해 조금이라도 아는 사람이라면 창내신호장이 역세권이 될 것이라는 주장이 얼마나 황당한 생각인지 알 것입니다.

또 요즘 기지촌은 이런 곳에 생겨나지 않습니다. 예전에는 용산·동두천 등의 미군 부대 인입선 주변에 기지촌이 생기기도 했지만, 평택에서는 한국 시민들과 미군의 접촉을 최대한으로 줄인다는 미군 측의 방침에 따라 최대한의 편의시설을 부대 내에 갖추었기 때문에 평택으로 재배치된 미군기지 주변에서는 기지촌 형성이 최소한으로 억제되고 있습니다.

장기적으로 이곳에 토지를 보유하고 있으면, 한 50~100년 뒤에는 미군이 또다시 재배치되어서 개발될지도 모르겠습니다. 오히려 농사를 짓고 싶은 분이 이곳의 토지를 구입하면, 꽤 오랫동안 이 지역의 개발이 억제될 것이기 때문에 마음 편하게 농사지을 수 있을 것으로 기대됩니다. 주변 시세에 비해서 토지 가격이 기형적으로 높다는 사

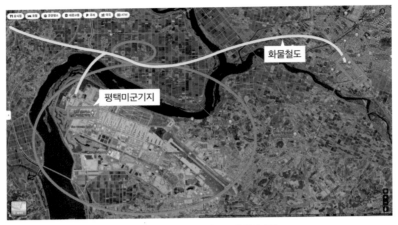

| 사진 31 | 평택-포승 간 화물철도와 창내신호장의 관계. 구글맵 위성사진

| 사진 32 | 창내신호장(위)과 창내신호장 주변(아래), 2022년 4월

| 사진 33 | 동두천시에 주둔했던 캠프 캐슬로 들어가던 화물 인입선 주변의 작은 기지촌. 2019년 3월

실은 미리 알아두어야 하고요.

평택-포승 간 화물철도 노선 가운데 그나마 역세권이 형성될 만한 유력한 지역은 안중역입니다. 평택시 서부의 거점도시인 안중은 고양시 대곡역과 홍성군 홍성역 사이에 놓일 서해선 철도와 평택-포승 간 화물철도가 만나는 지점이니, 엄밀히 말하면 서해선 안중역의 역세권이지 평택-포승 간 화물철도 안중역의 역세권은 아닙니다. 안중역은 안중읍사무소에서 직선거리로 1.6km 정도 떨어져 있고, 그 사이에는 아직 도시가 형성되지 않은 상태입니다. 서해선 안중역의 역세권도 아직 미형성 상태인 것이지요. 게다가 역세권 환지개발 보상 수익은 이미 부동산업자들이 거둬들였다고 보면 될 상황이 전개되고 있습니다.

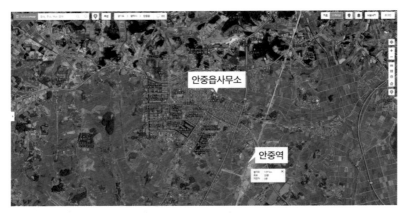

| 사진 34 | 안중읍사무소와 서해선·평택-포승 간 화물철도 안중역의 위치 관계. 카카오맵 스카이뷰

평택시 서부의 부동산 상황을 개인적으로 공부하시는 어떤 분이 SNS에 "이젠 서평택 분석글이 그냥 막 다 기획부동산.. 투기꾼들의 홍보글 같고…. ㅋㅋㅋㅋ"라고 적으셨더군요. 딱 알맞은 표현입니다.

석문산단 인입철도에 대한 상반된 의견

'평택-포승 간 화물철도'만큼이나 말도 많고 탈도 많은 것이 충청남도 당진시에 건설 예정인 석문산단 인입철도입니다. 바로 전에 등장한 서해선 합덕역에서 석문국가산업단지까지 이어질 "화물전용, 단선철도"[30]입니다. 석문국가산업단지는 미분양 문제가 오래전부터

---

30 국토교통부, 〈석문산단 인입철도 전략환경영향평가서(주민 등의 의견수렴 결과반영 여부)〉(2022)
    에 실린 표현 그대로 옮겼습니다.

당진시의 고민거리였던 곳입니다. 이곳에 얼마 전부터 석문역이 들어서고 수십 만의 유동인구가 생길 것이라면서 토지를 판매하는 업자들이 나타났습니다.

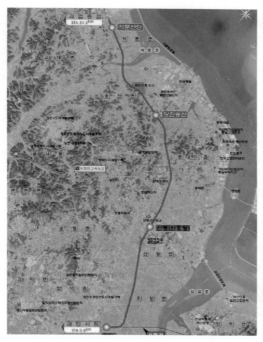

| 사진 35 | 국토교통부, 〈석문산단 인입철도 전략환경영향평가서(주민 등의 의견수렴 결과 반영여부)〉(2022)에 실린 노선도

실체는 어떨까요? 올해 초인 2022년 1월에 국토교통부가 작성한 〈석문산단 인입철도 전략환경영향평가서(주민 등의 의견수렴 결과 반영여부)〉에는 현지 주민들의 요망과, 이에 대한 관계 당국의 답변이 실려 있습니다. 이 자료를 보고 있으면, 주민들 사이에도 석문산단 인입철

도에 대한 의견이 서로 엇갈리고 있음을 알 수 있습니다. 어떤 주민은 "농촌 인구 감소로 여객철도는 불가능"하다고 말하고 있는 반면, 어떤 주민은 "여객철도(지하철도)는 찬성하나 산업철도 계획 시 반대"라고 말하고 있습니다. 두 가지 상반된 의견을 보고 있으면, 이게 하나의 철도를 보고 말하는 게 맞는지 착각이 들 정도입니다.

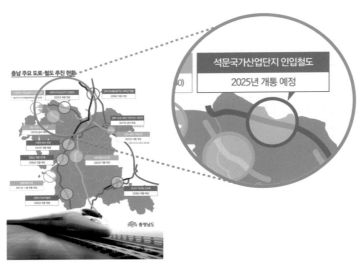

| 사진 36 | 충청남도, 〈충남교통지도〉에 보이는 석문산단 인입철도. 2021년 6월

특히 지하화된 여객철도면 찬성이지만 산업철도는 반대한다는 의견은 현실성이 부족한 것으로 느껴집니다. 대도시인 서울이나 부산에서도 여객철도가 지상을 달리는데, 상대적으로 인구가 적은 농업·공업지대에서 산업철도가 아닌 여객철도가 지하로 놓인다는 게 과연 실현 가능한 제안인지 모르겠습니다. 모든 철도가 지하철이나

KTX로 놓이는 것은 불가능합니다. 김포골드라인을 무리하게 지하로 놓지 말고 지상으로 건설했다면, 건설비도 더 적게 들 뿐 아니라 이용량 증가에 유연하게 대처할 수 있었으리라는 의견을 접합니다. 이처럼 철도는 지상으로 놓는 것이 현실적으로 더 높은 효용을 낳는 경우가 있습니다. 지상을 달리는 철도에 대한 시민들의 반감은, 기원을 거슬러 올라가자면 지상철이 도시를 쪼개고 차량 교통을 방해한다는 데 대한 반감에서 비롯되었을 것입니다.

아무튼 석문산단 인입철도에 대한 상반된 의견이 나온 현장에서 관계 당국의 답변은 기본적으로 다음과 같은 것이었습니다. "향후 여객철도(여객 이용 인구 등) 필요성 검토 결과 경제성이 저하되어 산업철도를 우선 계획하고, 산업단지 발전, 유동인구 증가 등으로 여객철도 가능성을 염두하여 노선을 검토하였음." 향후 유동인구가 늘면 여객

•노선계획을 향후 여객선로계획 및 관광산업측면 고려시 해안측(국도 38호선 방향)으로 계획요구	•향후 대산항 노선구간까지 고려한 계획으로 시점~종점부 전체 위치를 고려하여 노선을 계획하였음 •해안측(산업단지 우회(안)) 방향 등으로 노선을 검토한 결과 사업비 및 여객철도 가능성을 고려하여 대안1로 계획하였음
•신평초·중·고교주변으로 학생 및 주민이용, 유입고려시 여객철도(지하철도)는 찬성하나, 산업철도 계획시 반대	•향후 여객철도(여객이용인구 등) 필요성 검토결과 경제성이 저하되어 산업철도를 우선 계획하고, 산업단지 발전, 유동인구 증가 등으로 여객철도 가능성을 염두하여 노선을 검토하였음

| 사진 37 | 국토교통부, 〈석문산단 인입철도 전략환경영향평가서(주민 등의 의견수렴 결과 반영여부)〉(2022)에 실린 질의응답

철도 운행을 검토할 수도 있다는 원론적인 입장에 가깝습니다. 유동인구가 늘면 여객철도 운행을 검토한다는 것이지, 이 노선이 여객을 취급하기 때문에 유동인구를 유발시킬 것이라는 이야기가 아니라는 데 주목해야겠습니다.

얼마 전, 석문산단 인입철도가 놓일 지역을 답사했습니다. 간척지가 펼쳐진 평평한 땅이다 보니 도시화에 유리해서, 만약 수도권에 가까웠다면 시흥·안산·화성 정도로 활용할 여지는 있어 보였습니다. 하지만 현재까지는 전반적으로 인구가 희박한 것이 실상입니다. 서해선이 개통된 뒤에도 서해선 노선에서 다소 떨어진 이 일대에까지 유동인구가 극적으로 증가하리라는 느낌은 받지 못했습니다. 하지만 만약 이 지역에 관심을 가지고 있다면, 저의 말도 부동산업자의 말도 믿지 말고, 본인이 실제로 현장에 가볼 것을 권합니다. 전국을 다니며 철도망을 살피는 저의 입장에서 말씀드리자면, 철도계획을 꼼꼼히 검토하지 않고 부동산업자의 말에 따라 토지를 구입하는 것은 위험 부담이 큽니다.

가치가 흔들리지 않는
부동산의 조건

도시 외곽과 농촌 지역의 문제점

저는 대중교통으로 답사를 다닙니다. 그래서 대도시의 외곽이나 농촌 지역에서 두 가지 문제에 직면합니다. 한 가지는 열차나 버스의 운행 횟수가 적어서 지역 간 이동이 불편하다는 것입니다. 또 한 가지는 마트·식당·카페 등의 편의시설을 찾기가 어렵다는 것입니다.

이 두 가지 문제의 원인은 하나입니다. 인구입니다. 대도시의 외곽이나 농촌 지역의 인구가 적다 보니 대중교통 운행 횟수가 많지 않고, 편의시설 등이 적은 것입니다.

저는 인구가 점점 줄어드는 도쿄도 외곽 히노라는 도시의 다카하타다이단지라는 아파트 단지에서 유학생활의 후반부를 보냈습니다.

이곳은 일본의 경제 성장 시기에 도쿄 교외에 지어진 다마뉴타운의 끄트머리에 해당합니다. 구글맵으로 검색하면 집에서 가장 가까운 다카하타후도역까지 도보로 18분이 걸린다고 나옵니다. 하지만 아파트 단지는 언덕 위에 있고 역은 강변의 평지에 있기 때문에 실제로 걸으면 25~30분 정도 걸렸습니다. 걷기 힘들면 마을버스를 타야 했는데, 이렇게 매일 두 번씩 마을버스를 이용하면 교통비가 상당히 부담스러웠습니다.

| 사진 38 | 다카하타후도역에서 집으로 올라가는 언덕길. 2010년 2월

고도성장기에는 이렇게 도쿄도의 교외, 그것도 철도역에서 걸어서 20~30분 걸리는 언덕 위에 아파트 단지를 지어도 모두 분양되었습니다. 하지만 인구가 줄고 있는 지금 일본의 인구는 평지를 향해, 그리고 도심을 향해 모여들고 있습니다. 교외의 인구가 줄면서 대중

교통 운행 횟수와 편의시설이 줄어들기 때문입니다. 그러면서 제가 살던 아파트 단지의 인구는 전성기의 절반 이하로 떨어졌습니다. 그래서 일본 정부는 저 같은 외국인 유학생을 이런 곳에 살게 해서 마을 활성화를 꾀했던 것입니다.

이 아파트 단지에는 원래 도민은행이라는 도쿄도의 은행에서 설치한 지점이 있었습니다. 하지만 제가 이곳에 이사 갔을 때는 이미 영업을 종료한 상태였습니다. 아파트 단지의 인구가 줄어서 영업 부담이 커졌던 탓입니다. 저는 이 아파트 단지의 편의시설이 모여 있는 73동의 슈퍼마켓에서 카운터 아르바이트를 했는데, 이 슈퍼마켓도 제가 귀국한 뒤에 영업을 종료했습니다. 은행 지점과 마찬가지로 아파트 단지의 인구가 줄어들어서 수익이 나지 않았던 것이지요.

| 사진 39 | 영업을 종료한 도쿄도 히노시 다카하타다이단지 내의 도민은행 지점. 2010년 2월

| 사진 40 | 제가 아르바이트하던 도쿄도 히노시 다카하타다이단지 내의 슈퍼마켓. 제가 귀국한 뒤에 폐업했습니다. 2010년 2월

제가 카운터에 있던 어느 날, 80세는 넘어 보이는 어느 노인이 자가용을 운전해서 슈퍼마켓으로 찾아왔습니다. 그리고는 제가 있는 쪽으로 걸어오다가 갑자기 쓰러지더군요. 심장발작이었습니다. 다행히 금방 다시 일어나기는 했지만, 그 노인은 비틀거리며 장을 본 뒤 자가용을 타고 떠났습니다. 운전 중에 방금처럼 발작이 일어난다면 본인과 타인의 목숨이 위험하겠다는 생각을 했습니다.

노인이 이렇게 위험을 무릅쓰고 자가운전을 해야 했던 이유는 본인이 사는 집 근처에 도보로 갈 수 있는 편의시설이 없었기 때문입니다. 이렇게 도보권에 편의시설이 없어서 심각한 곤란을 겪는 현상을 미국이나 일본에서는 '푸드 데저트Food Desert', 즉 '음식 사막'이라고 합니다.

푸드 데저트 문제의 심각성

농림수산성 농림수산정책연구소에서는 최근 이 푸드 데저트 문제를 심각하게 인식하고 '식료품 액세스 맵食料品アクセスマップ'이라는 웹사이트를 개설했습니다. 앞서 일본 정부가 개설한 '해저드 맵'을 소개했는데, 이 푸드 데저트 문제도 일종의 재난으로 다루고 있는 것입니다. 농림수산성 농림수산정책연구소가 개설한 '식료품 액세스 맵' 사이트에서 〈식료품 액세스 곤란 인구 비율(2015)(13 도쿄도)〉이라는 자료를 보면, 제가 살던 히노시는 푸드 데저트 상태에 놓인 인구의 비율이 전체의 30~40%에 달한다고 나와 있습니다.

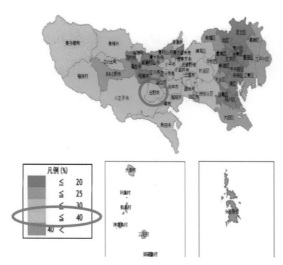

| 사진 41 | 〈식료품 액세스 곤란 인구 비율(2015)(13 도쿄도)〉. 농림수산성 농림수산정책연구소, '액세스 맵' 수록.

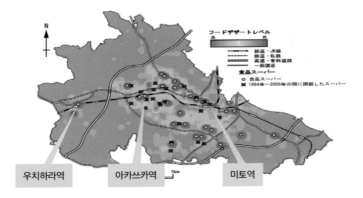

우치하라역   아카쓰카역 ⌐5km   미토역

圖1　水戸市における店舗の分布とフードデザートエリア（2009 年）

| 사진 42 | 미토시의 점포 분포와 푸드 데저트 지역. 농림수산성 농림수산정책연구소, 〈식료품 액세스 문제의 현상과 대응방안〉 수록

    또 같은 기관에서 2012년에 작성한 자료 〈식료품 액세스 문제 현상과 대응방안: 푸드 데저트 문제를 둘러싸고〉 가운데 '푸드 데저트 문제의 현황과 대책안'에는 도쿄의 동북부에 자리한 미토시의 사례를 들어, 푸드 데저트가 어떤 상황에서 발생하는지 자세히 설명하고 있습니다. 수도권의 교외 지역인 미토시에서는 철도역과 일반 국도에서 떨어진 지역을 중심으로 1994~2009년 사이에 식품 매장이 잇따라 폐쇄되어 푸드 데저트 비율이 높아짐을 알 수 있지요.

푸드 데저트 현상은 서울 한복판에서도 일어나고 있다

푸드 데저트는 땅이 넓은 미국이나 일본에서만 일어나는 일이라고 생각할 분이 있을지 모르겠습니다. 하지만 2012~2013년경에 서울시 강남구 개포동의 개포주공1단지에 살면서, 저는 푸드 데저트 현상이 한국의 농촌이나 지방 도시는 물론, 서울 한복판에서도 일어나고 있다는 사실을 확인했습니다.

현재 디에이치 퍼스티어 아이파크 아파트로 재건축되고 있는 이 개포주공1단지에는 공판장이 있었습니다. 그런데 이 공판장에서는 고기나 채소 같은 신선식품을 판매하지 않았습니다. 햄·캔 가공식품·음료 같은 공산품만 판매하고 있었습니다. 이유를 물어보니, 아파트 주민들의 인구가 줄고 구매력이 떨어져서 신선식품을 가져다 놓을 수 없다는 답변이 돌아왔습니다.

| 사진 43 | 푸드 데저트 현상을 보여주었던 서울시 강남구 개포주공1단지의 공판장. 2018년 9월

| 사진 44 | 인구가 줄어서 영업을 중단한 경기도 북부의 역전 마을 슈퍼. 2019년 3월

처음에는 신선식품이 매대에서 빠지고, 그다음에는 식품 매장이 폐쇄되는 악순환. 물론 개포주공1단지의 공판장은 재건축 때문에 철거되었지만, 한국의 구석구석을 답사하면서 이런 악순환의 현장을 자주 목격합니다. 이렇게 교외 지역에서 인구 감소와 식품 매장 폐쇄가 상호작용을 일으키자 민간에서 대응의 움직임이 일어났습니다. 일본의 편의점 체인인 세븐일레븐에서는 날짜와 시간을 정해서 푸드 데저트 지역을 찾아가는 이동판매 서비스를 시작한 것입니

| 사진 45 | 도쿄도 교외의 푸드 데저트 위험 지역을 대상으로 세븐일레븐이 이동판매 서비스를 한다는 안내문

다. 모든 사람이 자가용을 가지고 있지 않고, 또 나이가 들면 운전이 불가능하기 때문에 이런 서비스가 필요해진 것입니다. 교외 지역을 중심으로 이미 비슷한 상황이 벌어지고 있는 한국에서도 슈퍼마켓·편의점의 이동판매 서비스는 반드시 이루어져야 한다고 생각합니다.

일본에서 푸드 데저트 현상을 직접 목격한 뒤로, 한국 곳곳을 답사할 때에도 푸드 데저트 현상이 눈에 들어왔습니다. 농촌이나 교외 지역에서는 인구 감소 현상이 심각하기 때문에 푸드 데저트 현상이 당연히 일어나고 있습니다. 하지만 저는 버스 운행 횟수가 적고 철도역에서 멀리 떨어진 수도권 신도시 단지에서도 머지않아 비슷한 현상이 일어날 것으로 예상하고 있습니다. 특히 철도역에서 평지로 15분 이내에 자리하고 있지 않은 지역에서는 그 현상이 더욱 빨리 나타날 것으로 예상합니다.

배차 간격으로 트라우마까지 생기는 경기도 청소년들

철도역에서 20~30분 떨어진 지역까지 걸어간다는 건 젊은 사람에게도 쉽지 않은 일입니다. 그렇다고 해서 마을버스나 시내버스를 타자니 배차 횟수가 너무 적은 것이 현실입니다. 경기도 신도시들을 답사하면서 늘 이 문제에 대해 생각합니다. 경기도 신도시의 버스 운행 횟수가 적다기보다는, 원래 버스 운행 횟수가 적은 교외·농촌 지역의 한편에 신도시를 만든 뒤에도 배차 횟수를 늘리지 않았다고 하는 편이 좀 더 정확한 표현일 겁니다.

얼마 전에 일산신도시의 가장 끄트머리에 자리한 방송국에 몇 달 간 다닐 일이 있었습니다. 수도권전철 3호선이나 광역버스를 타고 일산신도시의 중심지에 도착하는 건 문제가 없었지만, 그곳에서부터 방송국이나 일산신도시의 다른 지역으로 연결해주는 시내버스의 운행 간격이 너무 커 상당히 힘들었습니다. 이런 불편함은 저 같은 외부인만이 아니라 일산 주민분들도 느끼고 있습니다. 일산신도시 외곽의 식사동에 조성된 위시티 아파트 단지에서 3호선·경의선 대곡역까지 가는 마을버스가 40분 이상 걸리다 보니, 주민들이 자체적으로 셔틀버스를 마련한 것입니다. 이렇게 셔틀버스를 마련하니 위시티에서 대곡역까지 10~15분 만에 도착할 수 있게 되었지만, 버스 회사들이 고양시에 민원을 제기해서 경찰 수사가 시작되었습니다.

어른들은 정 안 되면 자가용을 이용해도 되지만 청소년들은 배차 간격도 길고, 또 신도시 구석구석을 헤집고 다니느라 시간도 오래 걸리는 버스에 시달리다가 트라우마까지 생깁니다. 어딘가의 신도시에서 청소년 시절을 보낸 어떤 분이 이런 글을 SNS에 올렸더군요.

"신도시에 돌아다니는 사람이 많이 없어서 운행되는 버스가 없다 보니 중학생 때 버스를 막 30~40분 기다렸다가 또 15분 타고 20분 걸어서 집 간 적 있음. 저도 5~10분에 하나 오는 버스를 보고 싶어요."

경기도 신도시 입주민들은 서울로 향하는 고속도로와 넓은 주차장을 요구하는 경향이 있습니다. 하지만 자가용을 운전하는 본인과 가족들을 비롯해서, 뜻밖에 많은 신도시 주민이 대중교통을 이용합니다. 도로가 개발될수록 동네는 잘려 나가고 동네 내부를 도보로 이동하는 것이 어려워집니다.[31] 신도시의 아파트 단지에서 살다가 금방 팔고 도심으로 떠날 생각이 아니라면, 도로를 넓히고 주차장 면수를 넓히자고 할 게 아니라 똑같은 예산으로 버스 운행 횟수를 늘려달라고 해야 합니다. 그것이 가족을 위한 길입니다.

동탄 신도시의 교통 불편

이런 관점에서 특히 심각한 것이 화성시 동부의 동탄신도시입니다. 동탄은 삼성전자를 중심으로 자체적으로 돌아가는 신도시라고 볼 수도 있고, 역시 서울 지향성을 띤 위성도시라고 볼 수도 있는데, 자차 소유주를 전제로 도시를 설계한 것인지 경기도 신도시에서도 특히 대중교통 문제가 많이 제기됩니다. 대중교통 문제를 호소하는 동탄 주민의 목소리를 몇 개 소개합니다.

"막상 경기도 살면 다 있는데 없음. 뭔지 알아? 이마트 트레이더스 있

---

31   마이클 콘젠 엮음, 『경관으로 이해하는 미국』, 〈자동차 시대의 경관〉, 푸른길, 2011년

는데 버스 타고 한참 가야 됨. 동탄, 놀러갈 순 있는데 버스가 별로 없음.
동탄2신도시? 버스가 있긴 한데 한번 가려면 만반의 준비를 해야 됨."

"수원 살 때는 못 느꼈지만 동탄으로 이사 오니까 교통의 불편함이 확
느껴지네요. 버스가 시골도 아니고 1시간에 한 대꼴로 와요."

"버스 배차 간격은 16분, 내가 기다린 시간은 40분. 동탄 오지 마세요."

2019년 1월에는 '동탄신도시 교통 문제를 조속히 해결해주세요'
라는 청와대 청원이 올라오기도 했습니다. 이렇게 불편한 동탄의 버
스 교통 문제는 결국 자가용 운전에까지 영향을 미치고 있습니다.

"동탄은 도시는 번지르르하지만 자차가 늘어날 수밖에 없는 구조예요.
그래서 차도 많이 밀리는데 버스 놓치면 1시간이 날아가요."

이렇게 주민들의 원성이 자자한 대중교통 문제를 해결하지 않는
다면, 결국은 동탄의 '집값'도 영향을 받게 될 것입니다. 부실한 대중
교통은 연약지반이나 이웃한 공장 못지않게 생활과 재산에 나쁜 영
향을 미치는 재난입니다.

신도시의 미래

지금까지 살펴본 푸드 데저트, 경기도 신도시의 불편한 대중교통 문제는 하나의 질문으로 이어집니다. '지금도 이렇게 도보 이동과 대중교통이 불편한 신도시가 인구 축소 시기에 얼마나 버틸 수 있을까?'

도시와 마을은 탄생과 소멸을 되풀이해왔습니다. 경기도의 신도시도 무한히 분양 완판을 할 수는 없으며, 여러 가지 조건에 따라 입주자의 수가 줄어들 가능성이 있습니다. 저는 도쿄도 외곽의 다마신도시에서 이미 그 미래를 보았습니다. 일본의 인구가 줄어들면서 집값이 떨어진다는 말을 하는 사람도 있지만, 도쿄 도심부를 비롯한 대도시에서는 계속해서 부동산 가격이 오르고 있습니다. 인구가 줄어드는 일본에서 도쿄 도심부의 부동산 가격이 오른다는 건, 그만큼 교외의 언덕 위에 건설된 신도시에서 빠르게 인구가 빠져나가고 있다는 뜻입니다.

도쿄와 마찬가지로 서울 도심의 역세권은 앞으로도 살 곳where to live, where to buy을 찾는 사람들이 선호하는 지역이 될 것입니다. 충분한 수요가 있으니 공급이 발생할 것입니다. 서울역·용산역·왕십리·삼성역 등의 역세권은 아무리 하지 말라고 해도 개발될 것입니다.

문제는 교외의 역세권과 신도시입니다. 철도역이라고 다 같은 철도역이 아닙니다. 수도권전철 1호선을 예로 들면, 서울 시내에서 거리가 떨어진 역일수록 배차 간격이 벌어집니다. 밤에 서울 도심의 1호선 역에서 집으로 가는 열차를 기다려본 분들은 소요산·동두천·

양주·의정부 등의 순으로 열차가 끊긴다는 사실을 잘 알 겁니다. 반대방향으로는 신창·천안·서동탄·병점 등의 순으로 열차가 끊기지요. 다 같은 역세권이 아니라는 말입니다. 그리고 이런 구분은 집값에 큰 차이를 미칩니다. 수도권전철 1호선의 종점을 따라 아파트 가격에 어떤 차이가 나는지 점검해보십시오.

그리고 마지막으로, 다시 한번 강조합니다. 본인이 살 집이 평지에 있는지 언덕에 있는지 말이지요. '15분 도시'라는 말이 한동안 유행했지만, 평지 15분, 언덕 15분, 자전거 15분, 자가용 15분은 각각 차이가 큽니다. 제 생각에 핵심은 평지 15분입니다. 지도 애플리케이션의 위성사진 모드만 사용해도 어느 정도 현장의 상황을 파악할 수 있습니다.

하지만, 역시 실제로 현장에 가보십시오. 자가용으로 휙 둘러보지 말고, 실제로 걸으면서 땅의 높낮이를 확인하십시오. 그곳의 공기에서 냄새도 맡아보십시오. 맑은 공기인지, 아니면 주변의 공장이나 축산단지에서 매연과 폐수가 흘러내리는지 확인하십시오. 그리고 직접 버스와 열차를 타보십시오. 자가용을 이용하지 않는 가족들이 대중교통을 이용할 때 어떤 불편함이 있을지, 또 본인이 자가용을 사용하지 않게 되었을 때 어떨지 확인해보십시오. 이 방법은 살 곳where to live을 찾을 때뿐 아니라, 살 곳where to buy을 찾을 때에도 참고가 되리라고 믿습니다.

• 이 책의 참고 문헌과 함께 읽으면 좋은 자료 •

건설부, 〈경인 지역 종합개발 조사기본보고서〉, 1962년

건설부, 〈제1차 국토계획서안 국토건설종합계획대강 제3부 경인특정지역구상안〉, 1964년

건설부, 〈서울-인천 특정지역 건설종합계획 제4차 조사 부록도서(운하·항만 및 위성도시계획)〉, 1965년

건설부, 〈서울-인천 특정지역 건설종합계획 제5차 조사 부록도서(간척·수산·관광)〉, 1966년

건설부, 〈서울-인천 특정지역 건설계획조사보고서 제6차 한강다목적댐 능곡도시계획〉, 1967년

건설부, 〈서울-인천 특정지역건설계획 조사보고서 제6차 부록〉, 1967년

건설부, 〈대국토건설계획서(안)〉, 1967년

건설부, 〈서울-인천 특정지역계획 자료조사보고서 수몰지제방 기타계획〉, 1968년

건설부, 〈서울-인천 특정지역 대규모사업의 평가보고서〉, 1972년

건설부, 〈서울시내 고층건축물 실태조사 보고서〉, 1974년

건설부, 〈국토계획의 장기구상-2000년대의 국토상(본보고서, 부속자료, 도면집)〉, 1975년

건설부 산업기지개발공사, 〈반월신공업도시 개발기본계획 본보고서〉, 1977년

건축사, 〈잠실지구종합개발계획〉, 《建築士》 30, 1971년

경기개발연구원, 〈군사시설로 인한 피해실태 및 민군관계 재정립 방안 연구〉, 2008년

경기경제자유구역청, 〈평택 포승(BIX)지구 분양안내〉, 2021년

경기도, 〈2012~2020 경기도 종합계획 최종보고서〉

경기도, 〈경기도 노선버스 개편 및 정책현안 연구〉, 2020년

경기도, 〈경기도 접경지역계획(안)〉, 2001년

경기도, 〈경기북부·접경지역의 발전전략〉, 1999년

경기도의회, 〈반환받는 주한미군 공여지 주변지역의 활성화 방안〉, 2015년

경기도제2청사, 〈주한미군 이전에 따른 경기도의 정책 방향〉, 2011년

경기도청, 〈2020년 수도권 광역도시계획〉, 2009년

경기도청, 〈2012~2020 경기도 종합계획 최종보고서〉

경기문화재단, 〈경기도 신도시 형성과 변천 연구자료집〉, 2020년

경기문화재단, 〈도시의 두 얼굴-경기도 신도시의 탄생과 성장〉, 2021년

경기연구원, 〈반환공여지의 효율적 활용방안〉, 2005년

경기연구원, 〈2030 경기도 주거종합계획〉, 2018년

고양시, 〈2035 고양 도시기본계획〉, 2021년

고양시민속전시관, 〈고양시 민속전시관(일산밤가시초가)〉, 1997년

교통부, 〈한국 교통조사 보고서 초안 I-보고서〉, 1966년

교통부, 〈한국 교통조사 보고서 초안 II-부록〉, 1966년

광주광역시립민속박물관, 〈국가기록원 소장 자료로 본 일제강점기 광주의 도시변천〉, 2013년

국토교통부, 〈2020~2040 제5차 국토종합계획 수립을 위한 경기도 발전방향(안)〉, 2019년

국토교통부, 〈제6차 공항개발 종합계획(안) 2021~2025년〉, 2021년

국토교통부, 〈석문산단 인입철도 전략환경영향평가서(주민 등의 의견수렴 결과 반영여부)〉, 2022년

국립재난안전연구원, 〈시나리오로 본 우리나라 미래 재난 전망〉, 2021년

김광모, 『한국 중화학공업 오디세이』, 알에이치코리아, 2017년

김광웅·서영복, 〈현명한 결정, 실효 없는 집행-서울시 인구분산 정책사례〉, 《행정논총》, 1984년, 22쪽

김기찬, 『잃어버린 풍경 1967~1988』, 눈빛, 2014년

김대래 외, 『한국전쟁과 부산경제: 경부성장축의 강화』, 해남, 2010년

김두얼, 『한국경제사의 재해석』, 해남, 2017년

김상현 외, 〈삼보 연-아연-중정석 광산 주변 하상퇴적물에서의 중금속 오염 연구〉, 《광산지질》, 1993년, 26쪽

김시덕, 『서울선언』, 열린책들, 2018년

김시덕, 『갈등 도시』, 열린책들, 2019년

김시덕, 『대서울의 길』, 열린책들, 2021년

김인, 〈수도권 신공항-서울 간 회랑지역의 국제화 추진전략〉, 《한국도시지리학회지》, 2000년, 3쪽

김천권·정진원, 〈공항과 도시개발-글로벌 시대에 인천 항공대도시 조성을 위한 시론적 연구〉, 《한국도시지리학회지》, 2014년, 17쪽

김태경 외, 〈공동주택 부실시공 근절을 위한 제도개선 방안 연구〉, 경기연구원, 2017년

김학렬, 『서울이 아니어도 오를 곳은 오른다: 수도권 지방 부동산의 미래 가치 분석』, 알에이

치코리아, 2018년

김학렬, 『대한민국 부동산 미래지도 1~2』 한빛비즈, 2021년

노용보, 〈경부고속도로의 탄생-국토개발의 고속도로에서 박정희 고속도로로〉, 전북대학교 대학원 과학학과 석사학위논문, 2012년

녹색연합, 〈한국군 토양오염 정밀조사 보고서 모음〉, 2008년

農林水産省農林水産政策研究所, 〈食料品アクセス問題の現状と対応方向: いわゆるフードデザート問題をめぐって〉, 2012년

농수산부, 〈1977년 한해극복지〉, 1978년

농어촌진흥공사, 『농공 50년 회고록-국토개조 반세기 증언 1~2』 1999년

대통령비서실, 〈노무현대통령 연설문집 5: 2007년 2월 1일~2008년 2월 24일〉, 2008년

대한국토·도시계획학회 편저, 『이야기로 듣는 국토·도시계획 반백년』 보성각, 2009년

대한민국정부, 〈제5차 국토종합계획(2020~2040)〉, 2019년

대한주택공사, 〈대한주택공사 20년사〉, 1979년

대한주택공사, 〈산본신도시 기본계획〉, 1991년

데이비드 스트라우브, 『반미주의로 보는 한국 현대사』 산처럼, 2017년

류창호, 〈굴포천 개착과 '경인운하'계획〉, 《인천학연구 29권》, 2018년

Robert E. Park·Ernest W. Burgess, 《The City-Suggestions for Investigation of Human Behavior in the Urban Environment》, The University of Chicago Press, 1925년

리처드 플로리다, 『도시는 왜 불평등한가』 매일경제신문사, 2018년

마강래, 『지방도시 살생부: '압축도시'만이 살길이다』 개마고원, 2017년

마강래, 『지방분권이 지방을 망친다: 지방분권의 함정, 균형발전의 역설』 개마고원, 2018년

J. Marshall Miller 엮음, 『New Life for Cities around the World-International Handbook on Urban Renewal』 Books International, New York, 1959년

마스다 히로야, 『지방 소멸: 인구감소로 연쇄붕괴하는 도시와 지방의 생존전략』 와이즈베리, 2015년

Michael T. Murphy·Charles A. Golla, 〈Modernizing the Trans-Korea Pipeline〉, 《Fuel Line》, 1985년 여름호

마이클 콘젠 엮음, 『경관으로 이해하는 미국』 푸른길, 2011년

마키아벨리, 『군주론-제4판 개역본』 까치, 2015년

박철수·박인석, 『아파트와 바꾼 집: 아파트 전문가 교수 둘이 살구나무 집 지은 이야기』 동녘, 2011년

박철수, 『한국주택 유전자 1: 20세기 한국인은 어떤 집을 짓고 살았을까?』 마티, 2021년

방준호, 『실직 도시: 기업과 공장이 사라진 도시는 어떻게 되는가』 부키, 2021년

배윤신, 《서울시 건축물 지진위험도 평가 위한 자료 확보와 관리방안》, 서울시, 2017년

別冊太陽, 『東京凸凹地形案內- 5 mメッシュ·デジタル標高地形圖で歩く』 平凡社, 2012년

부천시, 〈2011 부천 도시기본계획〉, 1994년

서갑경, 『철강왕 박태준 경영이야기』 한언, 2011년

서울연구원, 〈서울의 준주택 실태와 정책방향〉, 2010년

서울특별시, 〈2040 서울 도시기본계획〉, 2021년

성남시, 〈2020 성남 도시기본계획(일부 변경)〉, 2018년

성남시, 〈2035 성남 도시기본계획〉, 2021년

성남시사편찬위원회, 『성남시 40년사 6 도시개발사: 도시박물관, 성남』 2014년

손정목, 『서울 도시계획 이야기 1~5』 한울, 2019년

신동호, 〈한중 FTA활용 극대화를 위한 충청남도 차원의 대응전략〉, 《현안과제연구 Issue Report》, 충남연구원, 2015년

안건혁, 『분당에서 세종까지: 대한민국 도시설계의 역사를 쓰다』 한울아카데미, 2020년

에드워드 글레이저, 『도시의 승리: 도시는 어떻게 인간을 더 풍요롭고 더 행복하게 만들었나?』 해냄, 2021년

오원철, 『박정희는 어떻게 경제 강국 만들었나』 동서문화사, 2006년

용인시, 〈친환경 생태도시 조성을 위한 난개발조사특별위원회 활동 백서〉, 2019년

윤경욱 외, 〈삼보광산 광산폐기물 적치장의 침출수 발생현황 및 하류수계의 오염도 평가〉 《한국자원공학회지》, 2020년, 57쪽

이원욱·권칠승·국회법제실, 〈공동주택 부실시공 근절을 위한 입법지원 토론회〉, 2017년

이지웅·전현준·류기수, 〈공항장애물 제한표면 검토체계에 대한 고찰〉, 기술회보 27, 2020년

이현경 외, 〈Eco-mine planning & design 화성시 삼보광산을 중심으로〉, 《한국조경학회 2006년도 춘계 학술논문발표회 논문집》, 2006년

이혜은, 〈대중교통수단이 서울시 발달에 미친 영향: 1899-1968〉, 《지리학》 37, 1988년

인천발전연구원, 〈군 수송선 철로변 활용방안 연구〉, 2013년

임범택, 〈부평토지구획 정리지구의 변천과정에 관한 형태적 연구〉, 서울대학교 환경대학원 환경조경학과 석사학위 논문, 2018년

임성기, 〈광주광역시 도시공간구조 변천에 관한 연구〉, 조선대학교 토목공학 박사학위논문, 2011년

전상인, 『공간 디자이너 박정희』 기파랑, 2019년

전엔지니어링, 〈2000년대 서울도시계획(기본구상) 최종보고서〉, 1977년

전엔지니어링, 〈2000년대의 산업기지 재편성 기본구상〉, 1977년

정구복 외, 〈삼보광산 하류수계의 계절별 수질 변화와 오염도 평가〉, 《한국환경농학회지》, 2008년, 27쪽

정구복 외, 〈삼보광산 수계 하천수질 및 퇴적토의 오염도 평가〉, 《Korean Journal of Environmental Agriculture》, 2012년, 31쪽

정대영, 〈뉴타운 사업의 원주민 재정착을 위한 개선방안 연구〉, 서울산업대학교 주택대학원 주택기획·디자인학과 석사학위논문, 2010년

정지영, 『대한민국 재건축 재개발 지도』 다산북스, 2021년

제1무임소장관실, 〈수도권인구 재배치계획(기본구상)〉, 1976년

제1무임소장관실, 〈수도권인구 재배치계획 1977~1986〉, 1978년

조귀동, 『전라디언의 굴레: 지역과 계급이라는 이중차별, 누구나 알지만 아무도 모르는 호남의 이야기』 생각의힘, 2021년

주경식, 〈경부선 철도건설에 따른 한반도 공간조직의 변화〉, 《대한지리학회지》, 1994년, 29쪽

주명건, 〈광개토 프로젝트: 세계최대의 도시국가 건설을 위한 국가개조전략〉, 《외교》 115, 2015년

중화학기획단, 〈2000년대의 국토구상〉, 1979년

중화학기획단, 〈행정수도 건설을 위한 백지계획 단계별 건설계획〉, 1978년

중화학기획단, 〈행정수도 건설을 위한 백지계획 단계별 건설계획(부록)〉, 1978년

중화학기획단, 〈행정수도 건설을 위한 백지계획 도시기본구조계획〉, 1978년

중화학기획단, 〈행정수도 건설을 위한 백지계획 도시운영관리제도〉, 1978년

중화학기획단, 〈행정수도 건설을 위한 백지계획 도시조경·식재계획〉, 1978년

중화학기획단, 〈행정수도 건설을 위한 백지계획 민간기업의 효율적 참여방안〉, 1978년

중화학기획단, 〈행정수도 건설을 위한 백지계획 선정 1차 조사〉, 1978년

중화학기획단, 〈행정수도 건설을 위한 백지계획 선정 2차 조사〉, 1978년

중화학기획단, 〈행정수도 건설을 위한 백지계획 인력·자재수급 및 이전계획〉, 1978년

중화학기획단, 〈행정수도 건설을 위한 백지계획 입지 선정 기준에 관한 연구〉, 1978년

중화학기획단, 〈행정수도 건설을 위한 백지계획 재원조달방안〉, 1978년

중화학기획단, 〈행정수도 건설을 위한 백지계획 정주체계연구와 주거지 배치계획〉, 1978년

중화학기획단, 〈행정수도 건설을 위한 백지계획 주택모형계획〉, 1978년

중화학기획단, 〈행정수도 건설을 위한 백지계획 중심지구 공간계획〉, 1978년

중화학기획단, 〈행정수도 건설을 위한 백지계획 지역냉난방 및 진개처리〉, 1978년

중화학기획단, 〈행정수도 건설을 위한 백지계획 토지제도 개선방향〉, 1978년

중화학기획단, 〈행정수도 건설을 위한 백지계획 행정수도 광역권 개발계획〉, 1979년

중화학기획단, 〈행정수도 건설을 위한 백지계획 주택의 공장생산화계획〉, 1979년

중화학기획단, 〈행정수도 건설을 위한 백지계획 도시규모와 도시비용〉, 1979년

중화학기획단, 〈행정수도 건설을 위한 백지계획 새도시의 유통구조〉, 1979년

중화학기획단, 〈행정수도 건설을 위한 백지계획 외국신도시와 행정수도계획의 비교〉, 1979년

중화학기획단, 〈행정수도 건설을 위한 백지계획 이전계획〉, 1979년

중화학기획단, 〈행정수도 백지계획의 특성〉, 1979년

중화학기획단, 〈행정수도 건설의 타당성 연구〉, 1979년

중화학기획단, 〈행정수도 건설을 위한 백지계획 제1부〉, 1980년

차명수, 『기아와 기적의 기원: 한국경제사, 1700~2010』, 해남, 2014년

창원시, 〈창원 도시기본계획(안)〉, 1983년

창원시, 〈창원 도시기본계획(자료집)〉, 1983년

창원시, 〈창원 도시기본계획〉, 1984년

창원시, 〈창원 도시계획 재정비〉, 1984년

靑木榮一, 『鐵道忌避傳說の謎-汽車が來た町, 來なかった町』, 吉川弘文館, 2015년

철도건설국, 『철도건설사』, 1969년

최영준, 『국토와 민족생활사』, 한길사, 1999년

토지주택연구원, 〈3기 신도시 개발전략 및 계획기준 수립 연구〉, 2020년

평택시, 〈2035 평택 도시기본계획 수립, 2018년

폴 녹스·스티븐 핀치, 『도시사회지리학의 이해』, 시그마프레스, 2012년

피터 자이한, 『셰일 혁명과 미국 없는 세계』, 김앤김북스, 2019년

피터 홀, 『내일의 도시: 20세기 도시계획 지성사』, 한울아카데미, 2019년

한국개발연구원, 〈한국의 국토·도시·환경-문제와 대책〉, 1979년

한국개발연구원, 〈2004년도 예비타당성조사 보고서-아산만 산업철도(포승-평택) 건설사업〉, 2004년

한국기록문화연구소, 『평택 고덕국제신도시 황금길, 초록구릉 마을지』, 한국토지주택공사, 2013년

한국은행, 〈충남 북부지역과 경기 남부지역의 상생발전 방안〉, 2013년

한국토지공사 신도시사업처, 〈2기 신도시 명품화를 위한 특화계획 및 설계방안 보고서〉, 2008년

한국토지주택공사 토지주택연구원, 〈1·2기 신도시 종합평가 연구 Ⅰ, Ⅱ〉, 2021년

해양수산부, 〈제3차 전국 항만기본계획 수정계획 2016~2020〉, 2016년

행정자치부·철원군·강원발전연구원, 〈민통선내 마을 자원조사 및 발전전략 수립 연구용역〉, 2015년

허우긍, 『교통의 지리』, 푸른길, 2018년

화성시, 〈2035 화성 도시기본계획〉, 2019년

우리는 어디서 살아야 하는가

초판 1쇄 발행 2022년 7월 20일
초판 10쇄 발행 2024년 3월 18일

지은이 김시덕
펴낸이 김선준

편집이사 서선행
책임편집 이주영 **편집1팀** 임나리
디자인 김세민
마케팅팀 권두리, 이진규, 신동빈
홍보팀 조아란, 장태수, 이은정, 권희, 유준상, 박미정, 박지훈
경영관리팀 송현주, 권송이

펴낸곳 (주)콘텐츠그룹 포레스트 **출판등록** 2021년 4월 16일 제2021-000079호
주소 서울시 영등포구 여의대로 108 파크원타워1 28층
전화 02) 332-5855 **팩스** 070) 4170-4865
홈페이지 www.forestbooks.co.kr
종이 (주)월드페이퍼 **출력·인쇄·후가공** 더블비 **제본** 책공감

ISBN 979-11-91347-97-5 03320

㈜콘텐츠그룹 포레스트는 독자 여러분의 책에 관한 아이디어와 원고 투고를 기다리고 있습니다. 책 출간을 원하시는 분은 이메일 writer@forestbooks.co.kr로 간단한 개요와 취지, 연락처 등을 보내주세요. '독자의 꿈이 이뤄지는 숲, 포레스트'에서 작가의 꿈을 이루세요.